Ronald G. Markel

Das Große Buch der
Königsnattern

© Copyright 1994, bede Verlag GmbH, Bühlfelderweg 12, 94239 Ruhmannsfelden
© Copyright der englischen Ausgabe, T.F.H. Publications. Inc., Neptune City, NJ 07753, USA
Herstellung und Gestaltung: Marcus Degen
Übersetzung: Herprint International CC, P.O. Box 14117, Bredell 1623l, Südafrika

Alle Rechte vorbehalten. Für Schäden die durch Nachahmung entstehen, können Verlag und Autor nicht haftbar gemacht werden.

ISBN 3-927 997-90-0

INHALT

Dank 6

Zu den Zeichnungen 6

Einleitung 7

Königsnattern - Eine Vorstellung 7

Königsnattern im Terrarium 15
    Ernährung 15
    Überwinterung und Zucht 19

Albinismus 24

Mimikry und ähnliche Arten 30

Die Königsnattern 38
    Graugebänderte Königsnatter, Lampropeltis alterna 41
    Prärie-Königsnatter, Lampropeltis calligaster 44
    Gewöhnliche Königsnatter, Lampropeltis getulus 47
    Mexikanische Königsnatter, Lampropeltis mexicana 64
    Arizona Königsnatter, Lampropeltis pyromelana 67
    Ruthvens Königsnatter, Lampropeltis ruthveni 72
    Dreiecksnatter, Lampropeltis triangulum 75
    Bergkönigsnatter, Lampropeltis zonata 113

Erkrankungen und Parasiten 123
    Bakterien 123
    Verletzungen 124
    Verbrennungen 124
    Häutungsprobleme 124
    Augenerkrankungen 125
    Parasiten 125
    Scheintumore 128

Medikamente für Schlangen 129

Zeichnungs- und Beschuppungsdetails 133

Glossar (Fachwortverzeichnis) 137

Bibliographie 139

Index 141

Dank

Es ist mir eine angenehme Verpflichtung, den folgenden Personen für die Zurverfügungstellung von Material und die Anregungen zu danken, welche dazu beigetragen haben, dieses Buch so vollständig wie möglich zu machen: Bob Applegate, Scott Ballard, John Breen, Dave Breidenbach, Glen Carlzen, Joseph T. Collins, Mike Dee, Ms. Patsy Eppinger, Dr. Richard Funk DVM, Prof. Huntsacker, Terry Lilley, Larry Manning, Sean McKeown, Jim Murphy, John C. Murphy, Mario Nevarez, John Ruiz, Vince Scheidt, Don Soderberg, Stu Tennyson sowie Gary und Kerry Young.

Jene, die ich eventuell unabsichtlich vergessen haben sollte zu erwähnen, bitte ich um Verzeihung.

Nicht zuletzt gebührt ein großes Dankeschön Jan Hayden für ihre Hilfe bei der Bearbeitung, dem Formatieren, Organisieren und für die Schreibarbeit, denn ohne ihre Ausdauer und Geduld wäre dieses Buch nie fertig geworden.

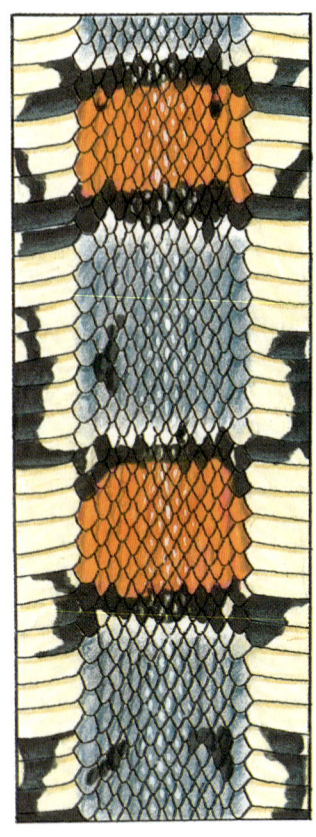
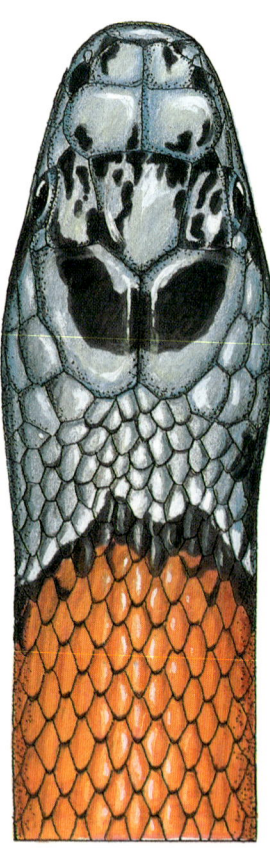

Zu den Zeichnungen

Die farbigen Zeichnungen des Kopf-Hals-Bereichs und der Körpermitte jeder einzelnen Unterart wurden von John R. Quinn anhand der besten verfügbaren Beschreibungen und Abbildungen, veröffentlicht oder unveröffentlicht, angefertigt. Dennoch sind sie eher als schematische Darstellungen, nicht als Porträts aufzufassen. Aufgrund der großen Variationsbreite fast aller Lampropeltis-Unterarten muß man darauf gefaßt sein, daß jedes individuelle Exemplar in gewisser Weise von der Zeichnung oder der Abbildung abweicht. Es ist dies das erste Mal, daß alle gültigen Taxa von Lampropeltis in einem Buch in Farbe abgebildet sind.

Einleitung

Es ist das zunehmende allgemeine Interesse an der Umwelt und das Bewußtsein, daß "da draußen" attraktive Reptilien leben, die zusammengenommen die Inspiration für das vorliegende Buch über Königsnattern lieferten. Zelten, Wandern, Exkursionen und Autoreisen in Verbindung mit der heute existierenden Zugänglichkeit ehemals abgelegener Gegenden haben in proportionalem Maße das Interesse an jenen Reptilien steigen lassen, die man währenddessen zu Gesicht bekommt.

Das hauptsächliche Anliegen dieses Buches ist das Erkennen von Königsnattern der Gattung Lampropeltis, einer Gruppe harmloser Schlangen mit ausschließlicher Verbreitung in Amerika. Die Gesetzgebung zum Schutze von Schlangen bevorzugt häufig solche Arten, die ökonomisch wichtig sind, etwa zur Nagetierkontrolle, oder die einen hohen ästhetischen Wert haben. Der ständig expandierende Populationszuwachs des Menschen, die Zerstörung von natürlichen Lebensräumen, auch das gelegentliche Leersammeln für kommerzielle oder persönliche Zwecke sowie die immer noch verbreitete Schlangenfurcht haben alle zu einer drastischen Abnahme der Zahl freilebender Schlangen beigetragen. Eine meiner Hoffnungen ist es, daß die Ausführungen in diesem Buch auch dazu dienen, wenigstens einer Gruppe von bunten und harmlosen Geschöpfen beim überleben zu helfen.

Im Gegensatz zu anderen Schlangen werden Königsnattern heute durch viele engagierte Terrarianer in ansehnlichen Stückzahlen gezüchtet. Im Falle einiger Unterarten könnte man sogar behaupten, daß es mittlerweile ebenso viele, wenn nicht mehr Individuen in Terrarien gibt wie jemals in der freien Natur gefunden worden sind. Ich habe versucht, einen Führer zusammenzustellen, der sowohl dem Herpetologen als auch dem Terrarianer mit einem besonderen Interesse an Königsnattern nützlich ist. Technische Studien an Lampropeltis gibt es bereits in großer Zahl, und Aufsätze über ihre Taxonomie, Verbreitung und Ökologie werden ständig veröffentlicht. Im Folgenden habe ich einen Teil dieser Literatur für den daran interessierten Leser zugänglich gemacht, jedoch liegt das Hauptaugenmerk auf der Identifikation aller derzeit gültigen Formen der Gattung. Einige der Problemfälle wurden hier ebenfalls eingeschlossen, obwohl sie gegenwärtig nicht als eigenständige Unterarten anerkannt werden. Sie werden von Terrarianern gehalten, reinrassig gezüchtet und in der terraristischen Literatur als eben diese Formen behandelt. Da gerade diese Problemformen häufig sehr begrenzte Verbreitungsgebiete haben und zum Teil in der Natur sehr selten sind, könnte die Gefangenschaftshaltung tatsächlich ihre einzige Überlebenschance sein.

Königsnattern - Eine Vorstellung

Die Königsnattern - einige Vertreter werden bisweilen auch als Dreiecks- oder Milchnattern bezeichnet - gehören alle zur Gattung Lampropeltis, die ausschließlich in Amerika vorkommt. Die Verbreitung erstreckt sich vom Süden Ontarios und dem südwestlichen Quebec in Kanada westwärts bis ins südliche Washington (südlich des 48. Breitengrades) und südwärts bis ins nordwestliche Südamerika, d.h. Kolumbien, Ecuador und die Cordillera de la Costa in Venezuela (BLANEY 1973). Es sind muskulöse Würgeschlangen, die sich von einer Reihe Wirbeltiere und, in geringerem Ausmaß, von Wirbellosen ernähren. Sie besiedeln sehr verschiedene Biotope von Trockengebieten über Regenwälder bis zu Feuchtgebieten in Höhen zwischen Meereshöhe und wenigstens 2550 Metern in den Rocky Mountains, bzw. 3000 Metern in den Anden Südamerikas.

Lampropeltis - der Name ist vom griechischen lampros, d.h. heißt glänzend und pelta, d.h. Schild abgeleitet - ist eine Gruppe wenig verschiedener Colubriden, die durch glatte Schuppen mit jeweils zwei Apikalgrübchen gekennzeichnet sind. Die Dorsalschuppen liegen in 17 bis 27 Reihen. Die Ventralia sind nicht besonders stark gekielt und weisen stets zumindest Spuren von dunklem Pigment auf. Das Analschild ist immer ungeteilt und die Subcaudalia geteilt. Königsnattern sind kleine bis mittelgroße Schlangen mit einem relativ kurzen Schwanz. Es sind 12 bis 20 Maxillar-, 12 bis 18 Dentar-, 8 bis 14 Palatinar- und 12 bis 23 Pterygoidzähne vorhanden. Abgesehen von zwei vergrößerten, hinten im Kiefer stehenden Maxillarzähnen bei einigen Arten, ist an den Zähnen nichts außergewöhnliches. Der Hemipenis ist bilobat, entweder flach oder deutlich.

Gegenwärtig werden von den Experten acht rezente Arten von Königsnattern anerkannt. Zwei weitere Arten, L. intermedius BRATTSTROM 1955 (Michoacan, Mexiko und

Einleitung

Cochise County, Arizona) aus dem Pliozän und *L. similis* HOLMAN 1964 (Nebraska) aus dem mittleren Pliozän, gehören zum triangulum-Komplex. Sie sind nur als Fossilien bekannt und brauchen uns hier nicht weiter zu interessieren. Die in diesem Buch als gültig behandelten Arten sind *L. alterna* (keine Unterarten), *L. calligaster* (zwei, möglicherweise drei Unterarten), *L. getulus* (sieben Unterarten plus vier Problemformen), *L. mexicana* (keine Unterarten aber zwei Problemformen), *L. pyromelana* (vier Unterarten), *L. ruthveni* (eine kaum bekannte und problematische Art), *L. triangulum* (25 Unterarten) und *L. zonata* (sieben Unterarten). Diese Arten werden gewöhnlich in zwei Gruppen aufgefaßt; die getulus-Gruppe mit calligaster und getulus, die keine verlängerten Maxillarzähne besitzen und die triangulum-Gruppe mit allen anderen Arten, die verlängerte Maxillarzähne haben. *L. alterna* und *L. mexicana* werden häufig als Übergangsformen zwischen diesen beiden Gruppen mit Verwandtschaftsbeziehungen zu *L. calligaster* wie auch zu *L. triangulum* betrachtet.

Zum gegenwärtigen Zeitpunkt gibt es nicht eine einzige Arbeit, die alle Arten und Unterarten gemeinsam abhandelt, wohl aber zahllose Einzelstudien über einzelne Arten oder Unterartgruppen. Die letzte Revision der Gattung geht auf BLANCHARD (1921) zurück. Es soll hier nicht etwa versucht werden, die gesamten Erkenntnisse dieser Arbeiten wiederzugeben, vielmehr soll ein zusammenfassender Auszug über die Ökologie und Terrarienhaltung aller Taxa der Gattung informieren. (Viele Formen von Königsnattern sind relativ häufig und werden in Zoos ausgestellt und in Privatanlagen gepflegt.) Die Verbreitungskarten basieren auf diesbezüglichen Revisionen und/oder auf CONANT (1975), STEBBINS (1966) und WRIGHT & WRIGHT (1957). Für alle Taxa werden die Trivialnamen angegeben, da diese häufig bei Amateuren Verwendung finden. Sie stammen aus diversen Quellen, wie z.B. SOKOLOV (1985) oder sind mehr oder weniger direkte Übersetzungen aus der Amerikanischen Originalauflage. Bevor man eine Reise unternimmt, um Königsnattern zu fangen oder käuflich zu erwerben, empfiehlt es sich, die entsprechenden Behörden zu konsultieren und in Erfahrung zu bringen, ob ggf. gesetzliche Beschränkungen oder Auflagen bestehen. In manchen Staaten sind diese Schlangen strengstens geschützt, und in vielen anderen wird eine Genehmigung selbst für den Kauf benötigt. Lokale und nationale Gesetze sind zwar nicht selten widersprüchlich, jedoch sollte man zumindest versuchen herauszubekommen, wie es sich damit verhält - die Strafen für Verstöße können empfindlich sein. In diesem Zusammenhang ist die Veröffentlichung von ALLEN (1986) ein guter Ansatzpunkt.

Durch die erfolgreiche Nachzucht während des letzten Jahrzehnts sind Königs- und Dreiecksnattern zu den vermutlich am häufigsten angebotenen Terrarienschlangen geworden. Nachzuchttiere sind allgemein in deutlich besserem Zustand als Wildfänge, unterliegen weniger gesetzlichen Bestimmungen hinsichtlich des Handels mit ihnen und haben meistens ein angenehmeres Temperament. Das Foto von Alex Kerstitch zeigt Lampropeltis mexicana *"greeri".*

Einleitung

Dreiecksnattern wie dieses Ausnahme-Exemplar von Lampropeltis triangulum annulata *sind aufgrund ihrer rot-schwarz-gelben Bänderzeichnung gemeinhin als Dreifarbige Königsnattern bekannt. Allgemein gelten die Dreifarbigen als schwerer ans Futter zu bringen und schwieriger in der Haltung als Nicht-Dreifarbige, andererseits sind sie durch ihre Attraktivität gesuchter. Foto: B. Kahl*

Einleitung

Königsnattern haben sich den Ruf von Giftschlangenvertilgern erworben und verschmähen auch Wassermokassinschlangen wie die hier gezeigte Agkistrodon piscivorus conanti *nicht. Zum Glück sind Schlangen kein unverzichtbarer Bestandteil bei der Ernährung von* Lampropeltis.
Foto: S. Kochetov

Obwohl Königsnattern wenige oder keine Symptome bei Bissen von nordamerikanischen Grubenottern wie dieser Crotalus viridis *zeigen, unterliegt ihre Immunität gegen Bisse anderer Giftschlangen, insbesondere Kobras und deren Verwandte, doch gewissen Grenzen.
Foto: S. Kochetov*

Einleitung

Die dunkle Phase von L. alterna *ist typisch für Terrariennachzuchten. Durch Auswahlzucht seitens Terrarianern sind verschiedene Arten und Unterarten von Königsnattern in etlichen Farbphasen und auch als Albinos erhältlich, die in der Natur nur sehr selten auftreten. Foto: R.W. Applegate*

Einleitung

Physiognomie einer typischen Lampropeltis. *Die Kopfform und -beschuppung unterscheidet sich wenig von einer typischen* Colubride. *Foto von* L. g. californiae: *R.G. Markel*

Unten: Kopfbeschuppung einer typisch unspezialisierten Colubride.

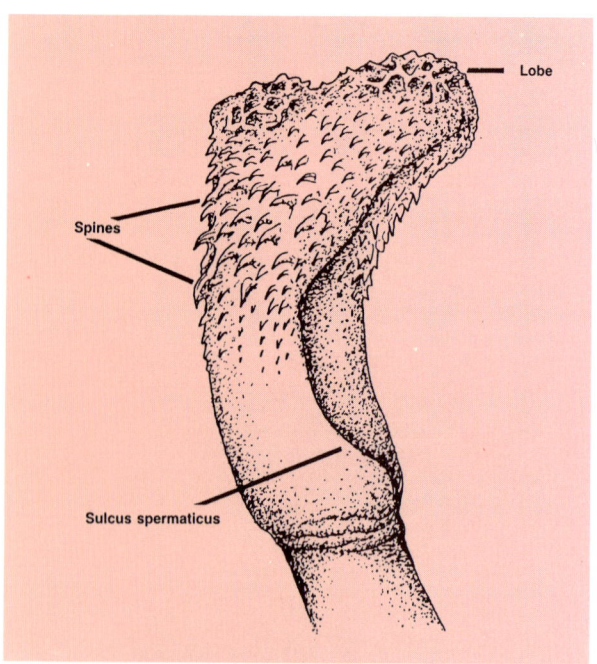

Hemipenes von L. getulus *mit den charakteristischen langen Stacheln und einem gut entwickelten Lappen.*

Schwanzformen einer weiblichen (links) und einer männlichen (rechts) Lampropeltis.

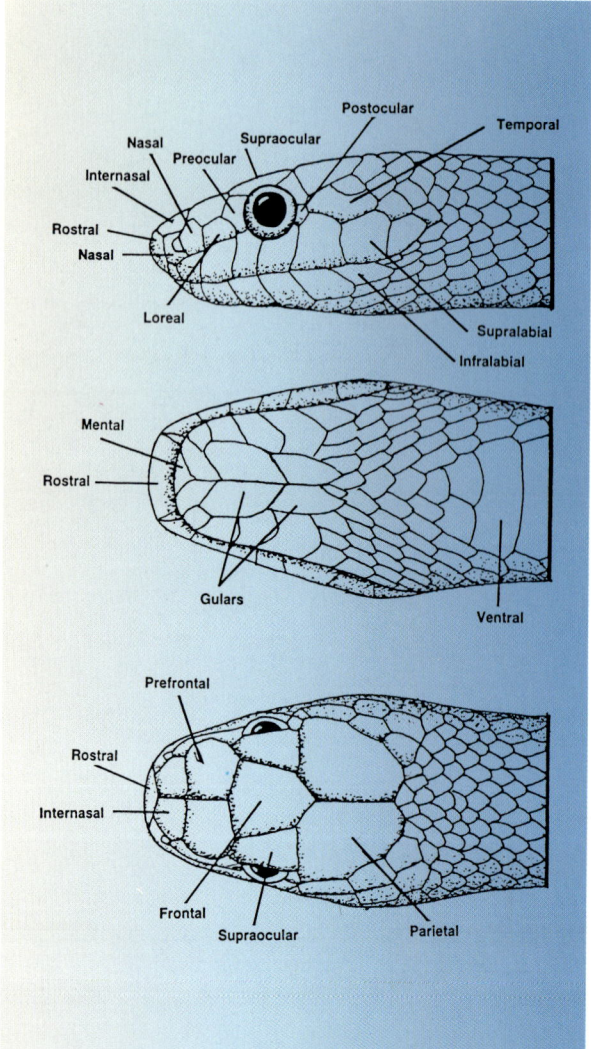

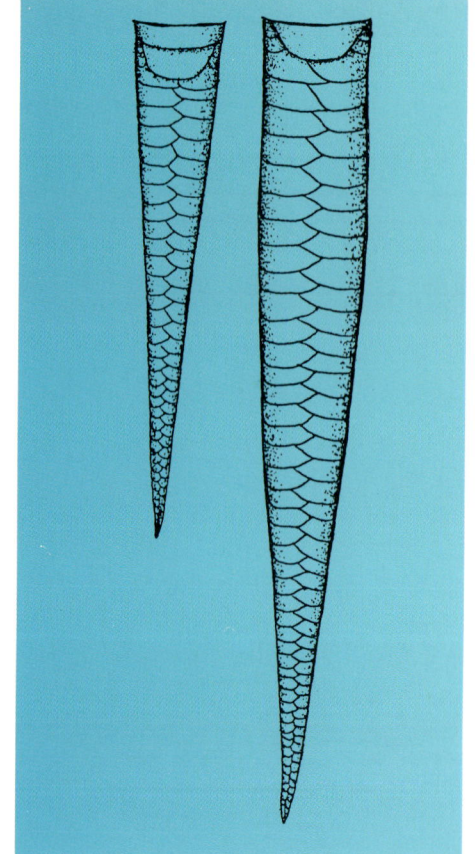

Einleitung

Die Bestimmung von Dreifarbigen Königsnattern ohne Fundortangaben ist schwierig und oft nicht bis auf Unterartniveau möglich. Die wichtigsten Merkmale sind die Kopfzeichnung, besonders die Farbe der Schnauze, die Anzahl der roten und gelben (oder weißen) Ringe, ob sich schwarzes Pigment auf rote Flächen ausweitet oder als gestrichelte Linie in den roten und weißen Bändern auftritt sowie die Ventralzeichnung. Die Anzahl der Ringe sowie die Ventral- und Subcaudalschuppenwerte sind häufig die wichtigsten Bestimmungskriterien. Sie unterliegen jedoch großen Schwankungen und sind mit Vorsicht zu gebrauchen wenn es um die Identifikation von nur einem oder zwei Exemplaren geht. Foto von L. pyromelana, vermutlich infralabialis: Alex Kerstitch

Ein skelettiertes und eingefärbtes Präparat zeigt die zahlreichen zusammenhängenden Wirbel und Rippen, die den Schlangenkörper ausmachen. Man beachte die nicht fest mit dem Skelett verbundenen Unterkieferspangen, die Schlangen die Anpassung an sehr verschiedene Futterarten erlauben. Foto: Guido Dingerkus

Einleitung

Keine Sorge, man muß keine Giftschlangen wie diese Waldklapperschlange (Crotalus horridus) als Futter für Königsnattern beschaffen. Obwohl Königsnattern Schlangenfresser (ophiophag) sind, muß ein Terrarientier nicht mit Schlangen gefüttert werden wenn man nicht will. Im Gegenteil, die meisten Schlangenpfleger halten es in der Regel für unverantwortlich, Schlangen an Schlangen zu verfüttern.
Da Königsnattern jedoch von Natur aus ophiophag sind, sollten sie niemals ohne ständige Beobachtung zusammen untergebracht werden - selbst wenn es sich um die gleiche Art handelt.

*Kleine, häufige Echsen wie dieser junge Sceloporus undulatus können hin und wieder in geringen Stückzahlen gefangen oder als Futter für Dreifarbige Königsnattern gezüchtet werden. Viele Schlangen werden die Abwechslung im ansonsten aus Mäusen bestehenden Speiseplan begrüßen.
Foto: Guido Dingerkus*

Königsnattern im Terrarium

Die Vielfalt an Zeichnungsmustern und brillanten Farben sowie ihre schnelle Anpassung an ein Leben im Terrarium hat die Königsnattern zu den am häufigsten gepflegten Schlangen gemacht. Mit einer Auswahl unter 50 bekannten Taxa, die von Kanada bis Ecuador verbreitet sind und Adultlängen zwischen 50 cm und 1,80 Metern aufweisen, ist für jeden etwas dabei.

Ernährung

Ein interessanter Aspekt der Königsnattern sind ihre Freßgewohnheiten. Da sie alle sowohl ophiophag (schlangenfressend) wie auch unspezialisiert carnivor (fleischfressend) sind, bieten sie sich für eine Terrarienhaltung geradezu an. Sie können warmblütige Beute wie Nager und Vögel ebenso wie wechselwarme Frösche, Echsen und Schlangen als Nahrung verdauen. Ein unerfreulicher Nebeneffekt ist dabei leider, daß sie durch zweiteren Umstand auch hochgradig kannibalistisch sind und somit die Haltung von mehr als einem Exemplar pro Terrarium ausscheidet. Sie gehören zu den sehr wenigen Schlangen, die gegen eine Reihe von Schlangengiften, insbesondere gegen jene der Grubenottern, immun sind.

Bei der Entwicklung der individuellen Freßgewohnheiten einer Jungschlange spielen viele Faktoren eine Rolle. Wasser muß jedoch stets zur Verfügung stehen. Die Behältergröße und -einrichtung sind wichtig. Das Terrarium sollte sauber und trocken sein, eine Wärmestelle mit Temperaturen zwischen 26 und 32°C (vorzugsweise durch eine Unterbodenheizung) haben und angemessene Versteckplätze im warmen wie im kühlen Bereich aufweisen. Diese relativ hohen Temperaturen helfen bei der Verdauung und beugen Magen/Darm-Problemen vor. Der Bodengrund kann aus Quarzsand, Zeitungspapier oder Hobelspänen (Kiefer) bestehen. Zedernspäne und behandelte Substrate wie Katzenstreu sind dagegen ungeeignet.

Jegliches Futter sollte eine mundgerechte Größe haben und keine großen Klumpen im Magen/Darm-Trakt der Schlange verursachen. Das Futter kann durchaus für mehrere Stunden im Behälter bleiben, jedoch sind Störungen jeder Art zu vermeiden; günstigstenfalls hält sich währenddessen niemand im betreffenden Raum auf.

Einige Schlangen fressen nur nachts, so daß die folgende Vorgehensweise nötig sein kann, um sie an eine Futterannahme auch während des Tages zu gewöhnen. Die Bereitschaft zum Fressen ist direkt nach einer Häutung am größten, da vorangehend der Appetit stark reduziert ist. Es ist sogar ratsam, gar nicht erst zu versuchen, eine "blauäugige" Schlange zum Fressen zu bewegen. Man kann ein Exemplar durch Belästigen mit einem toten Futtertier in einer langen Pinzette so lange reizen, bis es danach beißt.

Wenn auch kein Zweifel daran bestehet, daß Mäuse das geeignetste Langzeitfutter für die meisten Königsnattern darstellen, gewöhnen sich nicht alle Exemplare willig an diese Beute. Da viele Königsnattern, insbesondere Jungtiere, und alle Dreiecksnattern jeglichen Alters wechselwarme Beutetiere bevorzugen, sind manche Terrarianer gezwungen, in regelmäßigen Abständen Echsen zu beschaffen. Dort wo kleine Echsen häufig sind und ohne die Bestände zu schädigen, gefangen werden können, kann man Uta (unten) oder Sceloporus während des Sommers fangen und eine kleine Kolonie halten oder eingefroren für den späteren Verbrauch aufbewahren.
Foto: F.J. Doddjnr.

Königsnattern im Terrarium

Frischgeschlüpfte Sceloporus werden gerne von jungen Königsnattern gefressen, Foto: Ken Lucas, Steinhart Aquarium

Vorzugsweise sollte die Maus, die Echse oder das Küken Kopf voran angeboten werden. Vielleicht beißt die Schlange nur zur Verteidigung, hält dann aber fest. Es kann helfen, die empfindsamen Stellen des Schlangenkörpers mit dem Futtertier zu berühren. Dies sind die Lippen, der Nacken und der Schwanz. Ein Grund zur Futterverweigerung kann jedoch auch sein, daß die Schlange sexuell aktiv ist. Die dann bestehende Erregung unterdrückt das Interesse am Futter. Mit der Zeit wird sich dieser Zustand jedoch wieder normalisieren.

Die nachfolgenden Tips können hilfreich sein wenn ein Tier,

Gelegentlich als "Futteranolis" angebotene Anolis carolinensis können größeren Königsnattern als Abwechslung gegeben werden. Foto: Isabelle Francais

insbesondere ein Jungtier, konsequent das Futter verweigert oder sich nicht von seiner natürlichen Nahrung auf Babymäuse umstellen lassen will. Zwangsfütterungn sollten wegen der Verletzungsgefahr sowie der möglichen Abhängigkeitseffekte soweit wie irgend möglich vermieden werden.

1.) Die meisten Jungschlangen werden freiwillig lebende, frischgeborene Mäuse ("Pinkies") annehmen. Dazu wird ein Pinky in den Eingang zum Versteckplatz der Schlange gelegt. Wird dieses Futter während der folgenden Stunden verschmäht, sollte es durch eine tote Babymaus ersetzt werden.

2.) Ein Pinky wird mit Wasser und Seife gründlich gewaschen, anschließend abgetrocknet und ebenfalls in den Eingang zum Versteckplatz gelegt. Das Waschen beseitigt den typischen Geruch von Hausmäusen. Zuerst wird eine lebende, dann eine tote Maus ausprobiert.

3.) Ein gewaschener und abgetrockneter Pinky wird mit einer toten Futterechse (z.B. Sceloporus oder Uta) gründlich abgerieben. Man kann ein Stück des Echsenschwanzes abtrennen, das austretende Blut auf dem Kopf der Babymaus verschmieren und das abgetrennte Stück Schwanz dann in die Schnauze der Maus stecken.

4.) Man tötet eine nackte Maus und schneidet den Schädel von oben auf. Das Hirn wird geöffnet und die Maus in das Versteck der

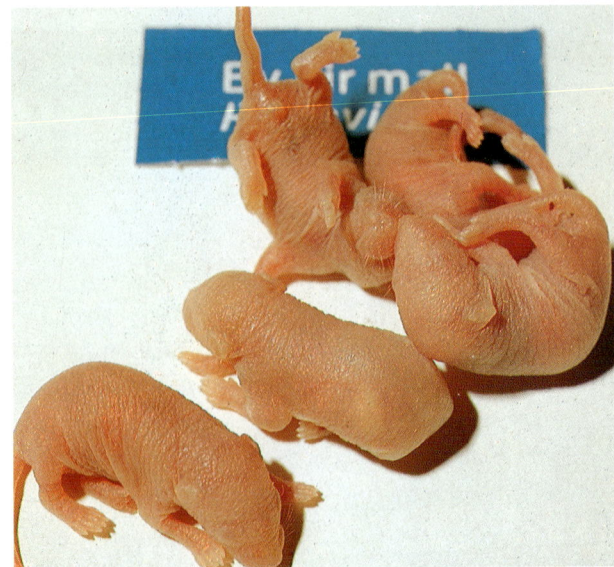

Frischgeschlüpfte Sceloporus werden gerne von jungen Königsnattern gefressen, Foto: Ken Lucas, Steinhart Aquarium

Schlange gelegt. Dieses gruselige Verfahren ist überraschend häufig erfolgreich, sollte jedoch als letzte Möglichkeit betrachtet werden.

5.) Hat die Schlange immer noch nicht gefressen, muß das natürliche Futter angeboten werden, um wenigstens etwas in den Magen des betreffenden Exemplars zu bekommen. Ein kleiner Frosch, eine Echse, eine junge wilde Maus o.ä. sollte in diesem Fall zunächst von Hand offeriert werden. Nimmt die Schlange diese Beute von der Hand an, kann man zwei Futtertiere gleichzeitig anbieten, zum Einen das akzeptierte Futter und daneben eine Babymaus. Sowie die Schlange zustößt, wird die Hand etwas verschoben, so daß nicht das angepeilte Ziel sondern die Maus ergriffen wird. Auch wenn die Schlange nur das Ersatzfuttertier gefressen hat, wird der Pinky anschließend im Terrarium belassen. Häufig wird nach einer solchen Mahlzeit die Babymaus auch noch verspiesen.

In der Regel wird die Schlange gefressen haben bevor man zu diesem Punkt gelangt. Wenn sie erst einmal Futter angenommen hat, kann man sie auch an Pinkies als Hauptfutter gewöhnen. Sind jedoch alle Versuche fehlgeschlagen, sollte das Terrarium gründlich benebelt und damit eine hohe Luftfeuchtigkeit geschaffen werden. Dann kann mit den oben beschriebenen Versuchen erneut begonnen werden. Die warm- feuchten Haltungsbedingungen dürfen jedoch nicht länger als ein paar Tage andauern. Manchmal wirkt auch eine mit feuchtem Moos gefüllte undurchsichtige Schlupfkiste mit einem kleinen Eingang Wunder, die der Schlange ein Gefühl von Sicherheit vermittelt. Wird dann eine Babymaus in diesen Behälter gelegt, kommt es nicht selten zu einer spontanen Futterannahme. Einige Jungschlangen reagieren negativ auf den permanenten Kontakt mit feuchtem Moos. Sie entwickeln Häutungsprobleme, es kommt zu vorzeitigen Häutungen, die Haut wird klebrig oder wirft Blasen. Eine erhöhte Aufmerksamkeit ist daher sehr wichtig.

Hat eine Schlange nicht binnen vier Wochen nach der ersten Häutung (normalerweise fünf bis zwölf Tage nach dem Schlupf) gefressen, kann eine Zwangsfütterung notwendig werden. Mit der Nase einer toten nackten Maus oder einem anderen stumpfen Objekt wird das Maul der Schlange geöffnet. Steckt der Kopf der Maus im Maul der Schlange, drückt man mit den Fingern vorsichtig auf die Unter- und Oberkiefer der Schlange und zieht ein wenig an der Maus. Damit erreicht man, daß sich die Zähne im Futtertier verhaken und ein Ausspucken erschwert wird. Dann

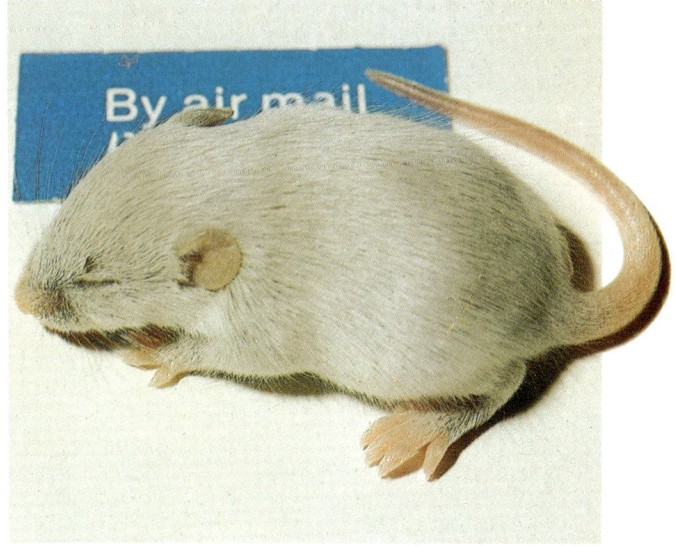

Wenn Mäuse erst einen dichten Pelz entwickelt haben, sind sie meistens für Dreifarbige Königsnattern und andere kleinere Arten bereits zu groß. Königsnattern können an gefrorene und wieder aufgetaute Pinkies oder leicht behaarte Mäuse (Fuzzies) gewöhnt werden, so daß die meisten Terrarianer ihre Mäuse gar nicht erst so groß wie die hier gezeigten werden lassen. Foto: M. Gilroy

wartet man, bis sich die Schlange beruhigt hat und setzt sie behutsam zurück in das Terrarium. Unbeweglich wartet man ab und wiederholt diese Prozedur nötigenfalls mehrfach. Irgendwann gibt die Schlange in der Regel auf und verschlingt das Futtertier. Scheitert diese Methode, wird die Babymaus mit Hilfe eines in jeder Beziehung stumpfen Gegenstandes weiter in den Hals geschoben und dann behutsam auf ein Viertel bis Drittel der Gesamtlänge der Schlange hinuntermassiert.

Erweist sich das Füttern als Dauerproblem, sind "Pinky Pumps" eine Alternative. Sie verflüssigen eine Babymaus im wahrsten Sinne des Wortes, so daß diese direkt in den Hals der Schlange gepumpt werden kann. Wenngleich nicht billig, rentieren sie sich insbesondere dann wenn eine ganze Reihe von Jungtieren bis zur selbständigen Futteraufnahme damit versorgt werden muß.

Jungschlangen, welche sehr spät in der Aktivitätssaison geschlüpft sind, verweigern oft das Futter mehr oder weniger hartnäckig bis zum nächsten Frühjahr. Dies hängt mit der Überwinterung zusammen, und die Freßbereitschaft kann währenddessen individuell sehr verschieden sein. Bei einer anhaltend zu hohen Luftfeuchte im Terrarium kann es zu Erkrankungen der Luftwege oder der Haut kommen.

Oben: Mäuse und Königsnattern sind untrennbar miteinander verbunden. Wenn man den Platz hat und den Geruch aushält, sollte man selbst Mäuse züchten, besonders wenn man das Züchten von Schlangen im großen Stil beabsichtigt. Foto: Dr. H.R. Axelrod

Unten: L. pyromelana beim Verschlingen einer kleinen Maus. Foto: B.E. Baur

ÜBERWINTERUNG UND ZUCHT

Die Durchschnitts-Königsnatter wird sich innerhalb von zwei Wochen nach der Winterruhe häuten, besonders wenn sie gut gefüttert worden ist.
Foto von L. getulus getulus: Ken Lucas, Steinhart Aquarium

Wie die meisten Schlangen paaren sich Königsnattern im Frühjahr und legen ihre Eier im Frühjahr, Sommer oder Herbst. Andererseits können die kontrollierten Bedingungen im Terrarium auch zu Eiablagen in anderen Jahreszeiten führen.

Der Allgemeinzustand eines Reptils ist von ausschlaggebender Bedeutung für die Nachzucht. Da die Fortpflanzung den Organismus belastet, ist eine erstklassige Gesundheit zur Vermeidung von Problemen Grundvoraussetzung. Schlangen kommen nicht wie Säugetiere regelmäßig "in Hitze". Stattdessen produzieren sie Eizellen wenn die äußeren Umstände günstig dafür sind und der Gesundheitszustand diese Anstrengung erlaubt.

Zur Zucht ausgewählte Königsnattern werden bei konstanten Temperaturen von 25 bis 28°C Tag und Nacht und einer langen Beleuchtungsperiode - bis 16 Stunden täglich - gehalten. Während dieser Zeit ist eine regelmäßige und ausreichende Futterversorgung besonders wichtig. Ausgenommen zur Zeit einer Häutung sollte alle vier bis sechs Tage eine mäßig große Mahlzeit ermöglicht werden. Die Schlangen werden in einer stressfreien Umgebung untergebracht, d.h. fern von Menschen und anderen Tieren. Hierdurch wird es ihnen ermöglicht, sich ungestört einzugewöhnen und auf Veränderungen natürlich zu reagieren. Die meisten Schlangen sind paarungswilliger wenn die Geschlechter außerhalb der Paarungszeit getrennt gehalten werden.

Die Überwinterung ist bei der Zucht von Königsnattern sehr bedeutsam. Die hier beschriebene Methode hat sich in Mittel-Kalifornien sehr bewährt, kann jedoch in anderen Gegenden, Höhenlagen oder sonstige klimatische Gegebenheiten Änderungen erfordern. Eine für die Zucht in der nächsten Saison ausgewählte Königsnatter wird bei Temperaturen von 13 bis 16° C ohne Beleuchtung von Dezember bis Februar überwintert. Während des

L. t. sinaloae in einem sehr zweckdienlich eingerichteten Terrarium.
Foto: J. Gee

Überwinterung und Zucht

Paarung bei L. t. gentilis. *Das Männchen hat sich fest am Kopf des Weibchens verbissen. Foto: L. Trutnau*

gesamten Novembers wird die Schlange wärmer und mit einer längeren Beleuchtungsdauer als üblich gehalten und nicht gefüttert. Hierdurch wird eine vollständige Entleerung des Magen/Darm-Traktes erreicht, bevor sie eingewintert wird. Da die Verdauungsenzyme nur bei bestimmten Temperaturen arbeiten, würde Nahrung bei den niedrigen Überwinterungstemperaturen in Fäulnis übergehen und möglicherweise zum Tod des Tieres führen. Jede Königsnatter wird separat in einem kleinen Plastikbehälter untergebracht, der leicht besprüht und an einem kühlen, dunklen Platz aufgestellt wird. Die folgenden drei Monate liegt die Schlange ruhig da und lebt von ihren Fettreserven. Die Winterruhe bedeutet zweifellos selbst für eine gesunde Schlange Stress; für eine kränkliche kann sie tödlich sein.

Schlangen benötigen eine Ruhephase zur Hormonstimulation, welche wiederum die Produktion von Fortpflanzungszellen anregen. Sobald diese Zellen vorhanden sind, beginnt das Weibchen mit dem Ausstoß von Hormonen, die wie ein "Parfüm" wirken und Männchen anlocken sollen. Sowie ein Männchen mit einem solchermaßen aktiven Weibchen zusammenkommt, ist eine Paarung so gut wie sicher. Der ganze Prozess wird durch die Ruhephase der Überwinterung ausgelöst. Fehlt sie, produzieren die meisten Schlangen keine Keimzellen, wenngleich sie sich unter Umständen trotzdem paaren. Der Unterschied liegt dann jedoch darin, daß nachfolgend keine Eier gelegt werden.

Nachdem die Schlangen überwintert worden sind, werden sie in ihre gewohnte Umgebung zurückgesetzt. Bald darauf sind sie sehr aktiv und beginnen mit der Nahrungsaufnahme. Nach mehreren Mäusen und rund zwei Wochen häuten sie sich dann. Währenddessen ist es sehr wichtig, daß stets Trinkwasser zur Verfügung steht, denn die Weibchen beginnen nun mit der Entwicklung von Eiern. Nach der ersten Häutung werden sie zunehmend dicker und sind sehr aktiv. Während einige Schlangen mit Fortpflanzungsaktivitäten zwei oder drei Wochen nach dem Ende der Winterruhe beginnen, kann es bei anderen sechs oder acht Wochen dauern. Den Weibchen sollten jetzt viele kleine Futterportionen angeboten werden - Unterernährung kann zu einer Resorbtion der angesetzten Eier führen. Sobald sie aktiv werden und ununterbrochen durch ihre Terrarien streifen, werden sie eines nach dem anderen zu den Männchen gesetzt. Hat das Weibchen tatsächlich Eizellen, wird man eine Paarung innerhalb weniger Minuten oder auch mehrerer Stunden beobachten können. Ist das Männchen sichtlich uninteressiert, hat das Weibchen vermutlich noch keine Eizellen. Dann sollte es wieder separiert und weiterhin gefüttert werden. Um eine hohe Befruchtungsrate zu erzielen, sollten Paarungen während der folgenden zwei Monate wiederholt ermöglicht werden.

Nach der Paarung ziehen die Weibchen wieder in ihre eigenen Behausungen um. Zur Förderung der Eientwicklung und des Embryonalwachstums werden jetzt große Mengen an Futter und Wasser benötigt. Einige Exemplare werden allerdings das Futter

Die enge Umschlingung und die aufeinandergepreßten Kloaken zeigen deutlich, daß sich diese L. t. sinaloae *tatsächlich paaren. Foto: L. Trutnau*

Überwinterung und Zucht

Beläßt man die Eier beim Weibchen, rollt sich dieses meistens um ihr Gelege, um die Feuchtigkeitsverhältnisse etwas zu verbessern und vermutlich auch um kleinere Eiräuber fernzuhalten. Die langgestreckte Eiform bei dieser L. t. sinaloae *ist ziemlich typisch für Königsnattern.*
Foto: L. Trutnau

verweigern wenn sie gravid ("trächtig") sind, und es gibt kaum etwas, was man dagegen unternehmen kann. In diesem Fall wird die Schlange viel trinken und sich ansonsten von ihren Reserven ernähren. Mit einem trächtigen Weibchen sollte nicht hantiert werden, da dies negative Auswirkungen auf die Eier oder Jungtiere haben kann. Die meisten Königsnattern häuten sich etwa vier Wochen nach der ersten Paarung. Von diesem Zeitpunkt an dauert es noch eine bis drei Wochen bis zur Eiablage. Natürlich ist es wichtig, daß dann eine Ablagekiste zur Verfügung steht.

Ein erprobtes Substrat für die Inkubation der Eier ist Vermiculit. Als Alternativen haben sich Moos und Sand ebenfalls bewährt.

Überwinterung und Zucht

*Schlüpfende Königsnattern schneiden sich im Sinne des Wortes aus ihren Eiern. Der dazu verwendete Eizahn fällt wenige Stunden nach dem Schlupf ab. Da sich noch Eidotter in der Bauchhöhle befindet, fressen die Jungen während der ersten zehn Tage, oder länger nichts. Ungefähr zum gleichen Zeitpunkt häuten sie sich zum ersten Mal und wollen dann ihre erste Mahlzeit. Die Zeichnung der Schlüpflinge von L. alterna (oben) und L. t. sinaloae (unten) gleicht der der Elterntiere, jedoch können die Farbtöne etwas abweichen.
Foto oben: R.G. Markel, unten: L. Trutnau*

Grundsätzlich werden die Eier feucht, jedoch nicht naß gehalten, wobei der Luftfeuchte besondere Bedeutung zukommt. Der Brutkasten ist eher eine Sache des persönlichen Geschmacks, und kann sowohl ein Klarsichtbehälter, ein kleines Aquarium, ein Gurkenglas wie auch eine Styroporkiste sein. Eine etwa 8 cm hohe Lage Vermiculit wird gut durchfeuchtet, und die Eier werden - wie sie gelegt wurden - darin so eingebettet, daß sie zur Hälfte mit dem Substrat bedeckt sind. Zusammenklebende Eier dürfen nicht getrennt werden; sie sollen auch nicht gedreht, gehandhabt oder in ihrer Position verändert werden. Der Behälter wird mit einer Glasscheibe oder einem Stück Plastik abgedeckt. Die meisten Eier gelangen bei Temperaturen von 23 bis 34°C zum Schlupf; je höher die Temperatur, desto schneller die Embryonalentwicklung.

Steht dem Weibchen kein feuchter, ungestörter Eiablageplatz zur Verfügung, wird es das Terrarium ununterbrochen nach einem solchen absuchen. Ich habe schon Schlangen gesehen, die an akuter Legenot gestorben sind, nur weil ihnen eine solche Stelle nicht zur Verfügung gestellt wurde. Sobald das Weibchen einen ihm passend erscheinenden Platz gefunden hat, rollt es sich dort zusammen und bleibt ruhig liegen. Die Eier werden einzeln und nacheinander gelegt, und es kann 24 Stunden dauern, bis ein Gelege komplett ist. Sind die Eier befruchtet - sie bleiben rein weiß und nehmen an Größe zu - sollten die Jungschlangen nach zwei bis drei Monaten schlüpfen. Hat keine Befruchtung stattgefunden, verfaulen sie meistens nach zwei oder drei Wochen.

Überwinterung und Zucht

Anstatt die Eier beim Weibchen zu belassen, bevorzugen die meisten Terrarianer ein Ausbrüten auf einer Schicht Vermiculit oder einem ähnlichen Material im Inkubator. Dies erleichtert die Kontrolle von Luftfeuchtigkeit und Temperatur sowie der Entwicklung der Eier. In großen Zuchtanlagen ist es auch die einzige Möglichkeit, über Zuchtlinien etc. korrekt Buch zu führen.
Foto von frisch geschlüpften L. g. getulus: J. Gee

Frisch geschlüpfte Königsnattern messen 15 bis 25 cm. Rund zehn Tage nach dem Schlupf häuten sie sich zum ersten Mal und nehmen kurz darauf erstmals Futter in Form von Pinkies oder Echsen an. Ein Füttern mehrmals pro Monat reicht für ein gesundes Wachstum aus, jedoch gibt es auch in dieser Hinsicht individuelle Unterschiede. Die Jungtiere sollten wie die Adulti einzeln gehalten werden. Nicht zu vernachlässigen ist jetzt das Weibchen. Große Futtermengen sind erforderlich, um es wieder auf Normalgewicht zu bringen, damit es erneut überwintert und im nächsten Jahr wieder zur Zucht verwendet werden kann.

In Amerika empfiehlt es sich, schlecht gedeihende Jungtiere im Verbreitungsgebiet der Elterntiere wieder auszusetzen. Die meisten Königsnattern sind dort einfach wiederzubeschaffen, so daß es wenig Sinn hat, ein schlecht fressendes Exemplar bis zum möglichen Hungertod aufzuziehen. Ein makelloses Pärchen und eines in Reserve sind ein ausreichender Bestand zur Erhaltung einer Art oder Unterart. Viele Gebiete haben heute Gesetze zum Schutz von Schlangen, die durch Biotopzerstörung und Übersammeln bestandsgefährdet sind. Man sollte sich also diesen harmlosen, friedfertigen Geschöpfen gegenüber maßvoll verhalten.

Albinismus

Albinismus kommt sowohl bei wechselwarmen wie auch warmblütigen Tieren vor. Grundsätzlich gibt es eine Reihe von verschiedenen Formen von Albinismus, jedoch wollen wir uns hier auf jene beschränken, die nahezu weiße Königsnattern mit häufig rosa und gelben Zeichnungsresten betrifft. Normalerweise handelt es sich um eine ererbte Unfähigkeit der Melaninproduktion. Melanin ist ein Zellfarbstoff, der für die dunklen Färbungsanteile verantwortlich ist. Ein normales Gen (das dominante Gen) kontrolliert die Produktion aller Enzyme, die Melanin herstellen. Ein anormales Gen (das rezessive Gen) setzt sich nicht im Phänotyp (das äußerliche Erscheinungsbild eines Tieres) durch, wenn es in Verbindung mit einem dominanten vorliegt. (Technisch gesehen verursacht das anomale rezessive Gen ein Fehlen der Aminosäure Tyrosinase, aus welcher Melanin synthetisiert wird.) Das normale, Melanin produzierende Gen und das rezessive, kein Melanin produzierende befinden sich an der-selben Stelle des Chromosoms und werden Allelen genannt. Falls beide Allelen rezessiv abnormal sind, wird kein Enzym produziert und somit kein Melanin in der Haut angelagert - das Ergebnis ist ein Albino. Einhergehend mit der weißen Haut sind rosafarbene oder rote Augen, was dadurch zustande kommt, daß die Blutgefäße des Augenhintergrundes

sichtbar sind. Die Sehfähigkeit kann eingeschränkt sein, da durch das Fehlen des lichtabsorbierenden Melanins das Licht nun im Innenauge reflektiert wird anstatt an den Sehzellen.

Wenn die Gene an einer bestimmten Stelle des Chromosoms ähnlich sind und die gleiche Funktion haben, spricht man von homozygoten Genen. Sind sie an der selben Stelle und haben unterschiedliche Aufgaben, nennt man sie heterozygot. Als Phänotyp bezeichnet man das äußerlich sichtbare Resultat der

*Die Zucht von albinotischen Königsnattern ist heute nichts Besonderes mehr, und Albinos von verschiedenen Arten und Unterarten sind einfach zu erhalten. Die beliebtesten sind dabei vermutlich jene von L. g. californiae, die sowohl in der Geringelten (links) wie der Gestreiften Farbphase (oben) gezüchtet werden. Besonders schöne Albinos haben ein leuchtendes Gelb auf rosafarbenem Grund.
Foto oben: Guido Dingerkus,
unten: Alex Kerstitch*

Albinismus

*Albinos sind oft nicht so widerstandsfähig wie ausgefärbte Tiere und haben häufig auch nicht deren umgängliches Temperament. Das abgebildete Exemplar versucht auch heute noch, seinen Pfleger zu beißen und hat sich nicht an sein Terrarium gewöhnen können.
Foto von L. g. californiae: Ray Hunziker*

*Die genetischen Ursachen von Albinismus folgen bei Königsnattern in der Regel einem einfachen Muster von dominant und rezessiv, so daß Zuchtergebnisse bei bekannten Zuchtlinien in einem gewissen Maß vorausgesagt werden können. Anscheinend gibt es eine Reihe von genetischen Faktoren, die Albinismus verursachen können. Zufallszuchten erbringen dagegen kaum die erhofften Resultate.
Foto von L. g. californiae: Guido Dingerkus*

Albinismus

Auch L. g. holbrooki wird als Albino gezüchtet, doch sind die Farben bei weitem nicht so spektakulär wie bei californiae. Foto: G. Carlzen

Arbeit der Gene, während Genotyp den genetischen, äußerlich nicht erkennbaren Zustand der Gene beschreibt. Eine normale Pigmentation ergibt sich genotypisch entweder aus homozygoten dominanten oder heterozygoten Genen. Hingegen trit Albinismus nur dann auf, wenn die Gene homozygot rezessiv sind. In Kreuzungsdiagrammen werden für die Bezeichnung von Genen Symbole verwendet. So bedeuten Kleinbuchstaben rezessive Gene und Großbuchstaben dominante. Benutzt man Punnett-Quadrate, eine Art Schachbrett, das Ihnen vielleicht bereits in der Biologiestunde begegnet ist, kann man alle möglichen genetischen Kombinationen einer Kreuzung veranschaulichen. In unserem Beispiel ist "A" dominant und bedeutet einen normal gefärbten Phänotyp, und "a" ist rezessiv und verursacht Albinismus. Tiere mit der Kombination AA oder Aa haben eine normale Färbung, und nur jene mit aa sind Albinos.

Albinotische Königsnattern sind gegenwärtig sehr beliebt und werden in ziemlich großen Stückzahlen gezüchtet. Genetisch unterschiedliche Elterntiere können normale Jungtiere, solche, die normal aussehen, aber ein nicht sichtbares Albinismus-Gen besitzen, wie auch Albinos hervorbringen. Als Beispiel nehme man ein Pärchen, bei dem beide Partner heterozygot sind, also Aa. Das

1/4 albinotisch, homozygot rezessiv, aa
1/2 normal, Albinismusträger, heterozygot, Aa
1/4 normal, kein Albinismusträger, homozygot, AA

Punnett-Quadrat zeigt die theoretisch möglichen Ergebnisse bei den Nachkommen mit anteiliger Verteilung:

Für diese Form von einfachem Albinismus sind folgende Zuchtkombinationen möglich:

Albino (aa) x Albino (aa):
Nur Albinos, aa

Albino (aa) x Normal (AA):
Nur normale, heterozygot, Aa

Heterozygot normal (Aa) x Heterozygot normal (Aa):
50% normal heterozygot (Aa)
25% normal homozygot (AA)
25% Albinos (aa)

Heterozygot normal (Aa) x Albino (aa):
50% heterozygot normal (Aa),
50% Albinos (aa)

Manchmal führt das Kreuzen verschiedener Linien zu einer ungewöhnlichen Situation, nämlich dann wenn die Allelen an verschiedenen Stellen des Chromosoms sitzen. Dann kommt es vor, daß das Produkt der Kreuzung eines Albinos mit einem anderen Albino zu normal gefärbten, nicht-albinotischen Jungtieren führt. Diese sind alle heterozygot und untereinander verkreuzt, ergibt sich folgende Situation:

1/16 Albinos mit beiden Linien (A und B) für Albinismus
3/16 Albinos mit Linie A, heterozygot in Linie B
3/16 Albinos mit Linie B, heterozygot in Linie A
2/16 Normal, heterozygot in Linie A
2/16 Normal, heterozygot in Linie B
4/16 Normal, doppelt heterozygot
1/16 Normal, homozygot

Albinismus

	A	a	
25% Normal	A	AA	Aa
50% Hetero	a	Aa	aa
25% Albino			

Hetero/Hetero

	A	a	
a	Aa	aa	50% Hetero
a	Aa	aa	50% Albino

Hetero/Albino

Normalgefärbte Eltern

	A	A	
a	Aa	Aa	
a	Aa	Aa	

Albinotische Eltern — Hetero/Albino 100% Hetero — Alle Jungtiere 100% Hetero

A = Normal
a = Albino

Dieser albinotische Schlüpfling von L. g. holbrooki hat lebhafte Farben, jedoch werden diese leider mit zunehmendem Alter verblassen.
Foto: R.G. Markel

Albinismus

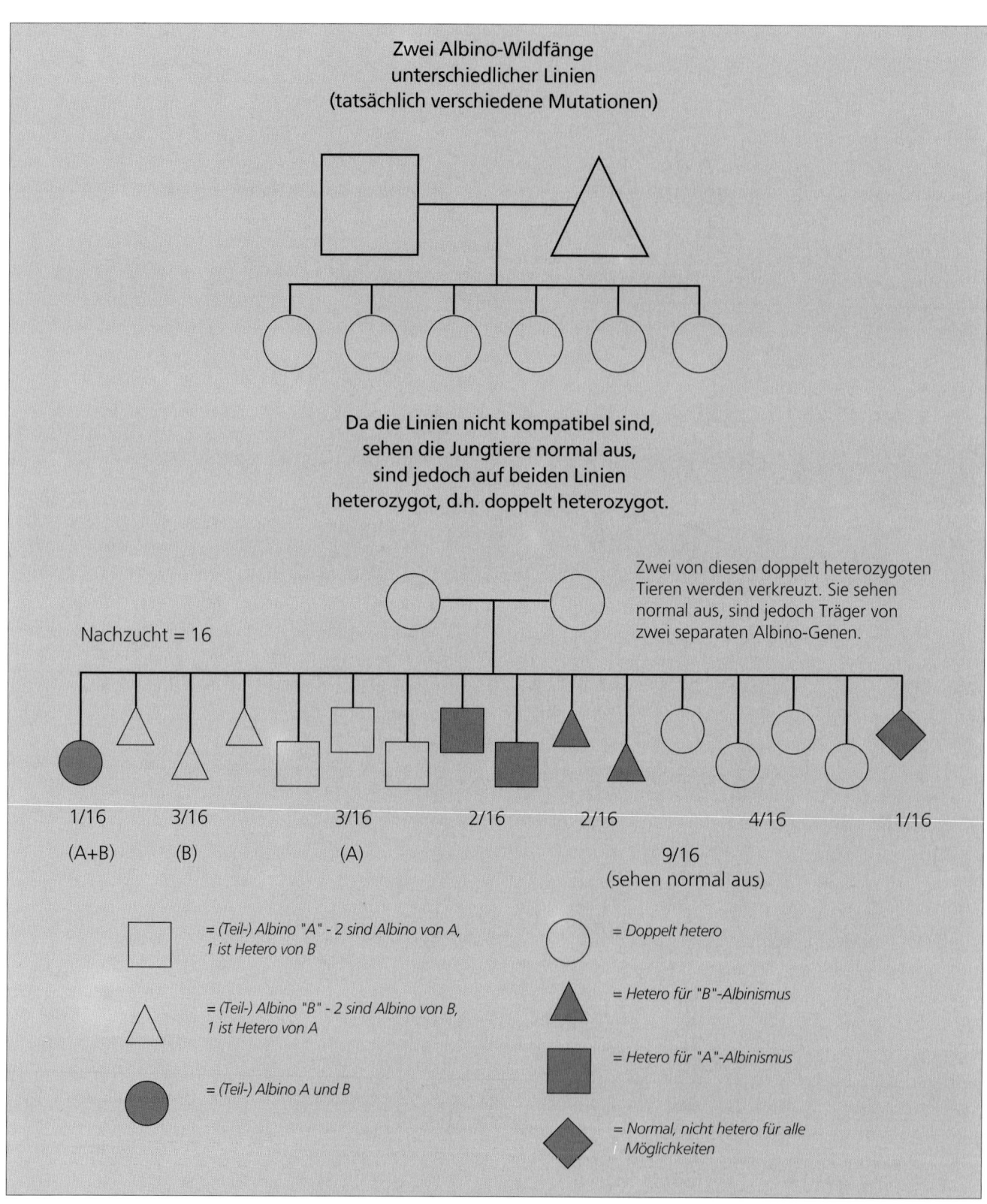

Meistens beruht Albinismus auf einem einfachen Gen. Es gibt jedoch Fälle wo Albinismus durch Zuchtexperimente nachgewiesenermaßen auf zwei verschiedenen Genen basiert und normale Berechnungen scheitern. Hier wird gezeigt, was herauskommt wenn zwei Albinos mit verschiedenen Albinismus-Genen (Allelen) verkreuzt werden. Das Resultat für den Terrarianer dürfte Verwirrung sein während der Genetiker begeistert ist.

Albinismus ist nicht die einzige bei Königsnattern auftretende Mutation. Das Gegenteil dazu ist Melanismus, d.h. eine Vermehrung des dunklen Pigments auf allen oder nur einigen Teilen des Körpers. Dieses Phänomen kommt ebenso häufig vor und sieht häufig so aus wie bei dieser L. t. sinaloae. Wenn Melanismus so vorherrschend wird, daß er die Zeichnung verdeckt, kann ein Exemplar unbestimmbar werden. Diese genetische Eigenheit ist bei einigen Formen die Regel, wie z.B. bei L. t. gaigeae und L. c. rhombomaculata. Foto: B. Kahl

Eine weitere, insbesondere bei Dreiecksnattern vorkommende Anomalie ist, daß die gelben oder weißen Zeichnungselemente durch Rot ersetzt werden. Im Fall von L. t. hondurensis führt dies zu einer außergewöhnlichen Varietät, die von Terrarianern als "Tangerine" (Mandarine) bezeichnet wird. Ein solches Tier kann fast einfarbig orangerot sein wobei selbst die schwarzen Bänder reduziert sind.
Diese extremen Exemplare sind sehr selten, und meistens ist wie bei dem oben gezeigten Tier nur ein Teil der gelben Zeichnung durch Rot ersetzt. Foto: J. Gee

Mimikry und ähnliche Arten

Königsnattern haben, wie auch andere dreifarbige Schlangen, den Ruf, die giftigen Korallenottern zu imitieren. Beide haben eine rote, schwarze und gelbe Bänderzeichnung, jedoch ist der gesamte Themenkreis der Mimikry so komplex, daß er eigentlich nicht vollständig klar ist. Wir wollen uns daher hier auf einen kurzen Blick auf mimetische Zeichnungen bei anderen Schlangen und einige Variationen zum Thema beschränken.

Oben und unten: Rhinocheilus lecontei, *eine Langnasennatter, wird häufig als nächste Verwandte der Königsnattern betrachtet. Die typische Zeichnung besteht, wie hier, aus schwarzen Sattelflecken, die im Wechsel mit unregelmäßigen roten Flecken stehen. Foto: B. Kahl*

Bei manchen Populationen von Langnasennattern (manchmal als Unterarten anerkannt, manchmal als Farbvarietäten aufgefaßt) sind jedoch die schwarzen und roten Sattelflecken erheblich deutlicher ausgeprägt, und die gelbliche bis lohbraune Grundfarbe bildet mit diesen eine geringelte Zeichnung. Obwohl dadurch den Korallenottern ähnlich, hat dieses "mimetische" Muster nahezu keinen funktionellen Wert zum Schutz der Schlange vor Freßfeinden.
Foto oben: J.K. Langhammer

Mimikry und ähnliche Arten

Obwohl es auf den ersten Blick scheint, als ob hier ein Fall perfekter Mimikry vorläge, ist es nur ein Zufall, daß die beiden nicht miteinander verwandten Arten sich so täuschend ähnlich sehen. Oben abgebildet ist eine Mutation von L. t. sinaloae, bei welcher die schwarzen und gelben Pigmente so gut wie nicht entwickelt und auf einzelne lateral Stellen beschränkt sind. Die Kopfzeichnung ist davon jedoch nicht betroffen. Die Schlange unten ist Pseudoboa neuwiedii, *eine nicht näher verwandte Art aus Kolumbien und Amazonien und damit außerhalb der Verbreitung von Königsnattern und erst recht weit außerhalb jener von* L. t. sinaloae. *Foto links: Alex Kerstitch, rechts: R.S. Simmons*

Die Arizona-Korallenotter Micruroides euryxanthus *kommt innerhalb der Verbreitung von* L. triangulum *und* L. pyromelana *vor, hat jedoch keine größere Ähnlichkeit mit irgendeiner sympatrischen Unterart dieser beiden Formen. Foto: J.K. Langhammer*

Bei der Korallenotter Micrurus frontalis *sind die roten Bänder schwarz begrenzt, und Schwarz bildet mit Gelb zusammen Triaden - ganz ähnlich wie bei* L. zonata. *Allerdings kommt* L. zonata *nicht sympatrisch vor, so daß es sich kaum um einen Fall echter Mimikry handeln kann. Foto: M. Freiberg*

Mimikry und ähnliche Arten

*Es kann keinen Zweifel geben, daß viele Lampropeltis mehr als nur eine oberflächliche Ähnlichkeit mit den Korallenottern der Gattung Micrurus haben; sie kommen sogar teilweise sympatrisch (in der selben Gegend) und selbst syntopisch (im selben Biotop) vor. Im Vergleich mit Dreiecksnattern fällt auf, daß bei den meisten Korallenottern, so bei Micrurus fulvius (oben) und Micrurus corallinus (unten) die roten Bänder die gelben oder weißen berühren, während bei Dreiecksnattern Rot an Schwarz stößt.
Foto oben: Ken Lucas, Steinhart Aquarium
unten: M. Freiberg*

Mimikry und ähnliche Arten

Ein exzellentes Beispiel einer vermutlich echten Mimikry ist bei verschiedenen Zeichnungsformen von L. alterna (oben) und der Felsenklapperschlange Crotalus lepidus zu erkennen. Diese beiden Arten sind absolut nicht miteinander verwandt, kommen aber sympatrisch und wahrscheinlich auch syntopisch vor. Es ist kaum anzuzweifeln, daß L. alterna durch die Ähnlichkeit gewisse Vorteile erlangt. Andererseits haben nur wenige L. alterna-Exemplare eine derart große Ähnlichkeit mit der Klapperschlange. Foto oben: S. Tennyson, unten: S. Kochetov

Mimikry und ähnliche Arten

Pliocercus elapoides aus Mexiko und Zentralamerika ist eine weitere Schlange, der eine Korallenotter-Mimikry nachgesagt wird, was man gerne glauben will wenn man das oben gezeigte Exemplar betrachtet, bei dem die Zeichnungsdetails sehr ähnlich sind. Auch hier ist jedoch die Art (und ihre Verwandten) hochgradig variabel, und nur wenige Tiere oder Populationen haben tatsächlich große Ähnlichkeit mit sympatrisch lebenden Korallenottern. Foto: L. Porras

Geringelte Zeichnungsmuster sind bei Schlangen häufig, doch kaum jemand würde ernsthaft einen Fall von Mimikry bei Sonora (Procinura) aemulans, einer seltenen Wühlschlange aus Nordwest-Mexiko, annehmen. Es gibt keine zwei identischen Exemplare, und die Körper- und Kopfringe können vorhanden sein oder fehlen. Ein schwarz und weiß gezeichneter Kopf ist eine häufige Erscheinung bei neotropischen Wühlschlangen, Foto: Ken Lucas, Steinhart Aquarium

Mimikry und ähnliche Arten

Eine extrem gut entwickelte Ringelzeichnung findet sich auch bei der wühlenden Wüstenschlange Chionactis occipitalis, *der Westlichen Schaufelnasennatter (oben). Die Ringe sind eigentlich sehr deutliche Sattelflecken auf strohgelber Grundfarbe. Rhinobotryum bovalii aus Zentralamerika hat eine Körperzeichnung, die beinahe gänzlich der einiger Dreiecksnattern entspricht. Die Kopfzeichnung ist jedoch eine völlig andere als bei jeder* Lampropeltis. *Foto oben: R. Holland, unten: B. Kahl*

Mimikry und ähnliche Arten

Die süd- und zentralamerikanischen Arten von Erythrolamprus sind verschiedenen Dreiecksnattern hinsichtlich Form und Zeichnung sehr ähnlich und können leicht mit ihnen verwechselt werden. Die meisten Herpetologen halten dies für ein echtes Nachahmen sympatrisch vorkommender Korallenottern, die sie selbst in deren Verhalten imitieren. Das bezieht sich z.B. auf das Zeigen der Schwanzunterseite und läßt den Betrachter leicht glauben, daß er es mit einer Korallenotter zu tun hat. Das Foto von S. Kochetov links oben zeigt E. aesculapii, das rechts oben stammt von T. Kellinhausen und stellt E. mimus dar, und das untere ist von A.I. Grasso und zeigt ebenfalls E. aesculapii.

Mimikry und ähnliche Arten

Wenigstens zwei weitere Gattungen südamerikanischer Schlangen - diese hier stammen von südlich des Amazonas - haben eine Ringelzeichnung und könnten als Korallenottern-Imitatoren betrachtet werden. Oben wird Oxyrhopus trigeminus gezeigt, die interessanterweise ebenfalls die Triaden der Korallenottern nachahmen. Unten sieht man Lystrophis semicinctus, die eine eher typische geringelte Zeichnung hat.
Fotos: M. Freiberg

Die Königsnattern

Die hübsche Sinaloa-Dreiecksnatter Lampropeltis triangulum sinaloae. Foto: B. Kahl

Die Königsnattern

Die nachfolgende Darstellung von Arten und Unterarten der Königsnattern ist ein Versuch, alle Taxa in einer standardisierten Form zu behandeln. Ein Schwerpunkt liegt dabei auf Färbung und Zeichnung, den offensichtlichsten Merkmalen der meisten Königsnattern. Die meristischen Angaben wurden von entsprechenden technischen Arbeiten übernommen und geben in den meisten Fällen die Variationsbreite wieder und nicht nur die üblichsten Werte. Werden also z.B. 200 - 225 Ventralia für eine Unterart angegeben, benennt dies die Variationsbreite, die ein Forscher bei, sagen wir, 100 Exemplaren festgestellt hat. Die Anzahl von Schuppen kann bei den allermeisten Exemplaren im Bereich von 210 - 215 gelegen haben, und dieses sollte man sich generell bei der Verwendung von bezifferten Daten vor Augen halten. Der systematische Status der hier vorgestellten Unterarten ist von verschiedenen Autoren aus diversen Gründen in Frage gestellt worden. Auf professioneller Ebene geht der gegenwärtige Trend dahin, daß immer weniger Unterarten anerkannt werden, da man durch Sammlungsarbeit im gesamten Verbreitungsgebiet zunehmend erkennt, daß die einzelnen Populationen variabler sind als ursprünglich angenommen. Viele Unterarten, insbesondere die von Lampropeltis triangulum, fußen auf wenigen Exemplaren von einigen isolierten Fundorten und geben kaum Auskunft darüber, wie das entsprechende Taxon tatsächlich aussehen kann. Der Benutzer des folgenden Abschnitts sei daher vorgewarnt - die Zuordnung eines Exemplars zu einer Unterart kann ein schwieriges Unterfangen sein. Dies trifft selbst auf Terrariennachzuchten mit bekannten Elterntieren zu, da auch hier Mutationen auftreten und ein begrenzter Gen-Pool oft schon über einige wenige Generationen zu Veränderungen im Aussehen und selbst bei den meristischen Daten führt. Etliche zufällig entstandene "Freaks" und Mutationen werden heute schon absichtlich gezüchtet. Es steht außer Zweifel, daß Feldforscher immer noch neue Populationen finden werden, die es wert scheinen als neue Unterarten beschrieben zu werden. Der Status der drei dreifarbigen Königsnattern und der *L. mexicana* nahestehenden Arten ist ebenfalls ungewiß und wird sich vermutlich nicht in absehbarer Zeit klären lassen.

Gattung Lampropeltis FITZINGER 1843 Die Typusart dieser Gattung ist getulus SCHLEGEL. Häufig wird man in älterer Literatur dem Synonym Ophibolus BAIRD & GIRARD 1853 begegnen, welches ebenfalls auf getulus beruht, sowie Osceola BAIRD & GIRARD 1853, das elapsoides als Typusart hat. Die

Die Königsnattern

Standarddiagnose der Gattung lautet: 12 bis 20 Maxillarzähne, solide, in der Größe nach hinten schwach zu- oder abnehmend, ungefähr gleich oder die hintersten beiden etwas vergrößert; Mandibularzähne in der Größe nach hinten abnehmend; Kopf nicht oder kaum vom Hals abgesetzt; Auge mittelgroß mit runder Pupille; Schuppen glatt mit jeweils zwei Apikalgrübchen, in 17 bis 27 Reihen; Analschild ungeteilt; Subcaudalia in zwei Reihen (BLANCHARD 1921). Die acht Arten, welche nach gegenwärtiger Auffassung die Gattung repräsentieren, können nach folgendem Schlüssel bestimmt werden (verändert nach BLANEY [1973] und anderer Literatur). Eigentlich sind die ersten beiden Schritte für den Terrarianer ohne Belang, da die beiden Hauptgruppen einfach und auf den ersten Blick selbst für jemanden, der mit der Gattung nicht vertraut ist, auseinander zu halten sind.

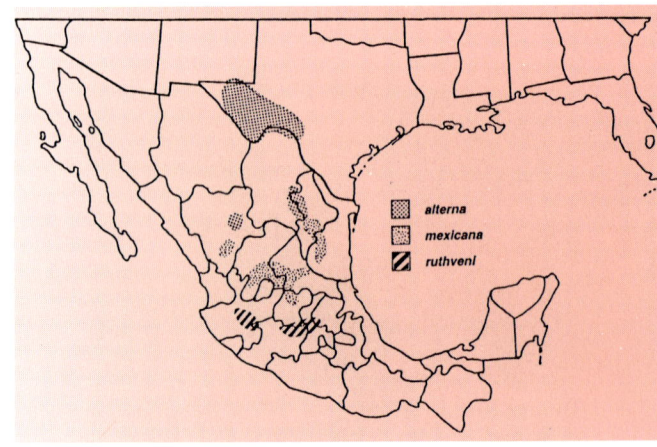

1. Die hinteren beiden Maxillarzähne sind unmodifiziert und weder länger noch kräftiger als die davorliegenden (*getulus*-Gruppe) **2**
Die hinteren beiden Maxillarzähne sind gewöhnlich länger und kräftiger als die davorliegenden (*triangulum*-Gruppe) .. **3**

2. Dorsale Grundfarbe hell oder dunkel mit dunkleren Dorsal- und Lateralflecken;
Schuppen ohne helles Zentrum ... *calligaster*
Dorsale Grundfarbe meistens dunkel mit hellen (gelben oder weißen) Querbändern, Streifen oder wenigstens lateralen Flecken; zumindest einige Schuppen haben ein helles Zentrum .... *getulus*

3. Dorsalzeichnung gewöhnlich aus weiß begrenzten, grauen Querbändern oder -flecken, die sich mit schwarz eingefaßten, rötlichen Sattelflecken oder Ringen abwechseln; Kopf vergleichsweise breit und vom Hals abgesetzt; Kopfoberseite mit Sprenkeln oder gabelförmiger Zeichnung **4**
Dorsalzeichnung aus Ringen in rot, schwarz und gelb oder weiß und rot; rote Sattelflecken oder Bänder fehlen manchmal; Kopf gewöhnlich relativ schmal und nicht deutlich vom Hals abgesetzt; Kopfoberseite meistens mit schwarzen und weißen oder roten Bändern, selten mit Gabelzeichnung (ausgenommen nordöstliche USA) **5**

4. Iris im Leben silbergrau, Kopf mit dunklen Sprenkeln, manchmal einfarbig, 210 - 232 Ventralia; vorderer Schwanzfleck nicht ventrolateral vergrößert; die Rotzeichnung setzt sich nicht über die Subcaudalia fort .... *alterna*
Iris im Leben gelblich braun; Kopf normalerweise mit Gabelzeichnung, die sich im Nacken fortsetzt; 190 - 212 Ventralia; vorderer Schwanzfleck ventrolateral vergrößert; die Rotzeichnung setzt sich über die Subcaudalia fort ... *mexicana*

5. Gewöhnlich mehr als 40 weiße Ringe, die Triaden von schwarz-rot-schwarz voneinander trennen; Kopfoberseite schwarz, Schnauze weiß .... *pyromelana*
Meist weniger als 40 weiße oder gelbliche Ringe, die Paare von schwarz-rot voneinander trennen; sind mehr als 40 weiße Ringe vorhanden, ist die Schnauze nicht einheitlich weiß **6**

6. Bei Adulti Kopf mäßig vom Hals abgesetzt; schwarze Ringe schmal und nicht auf die roten Ringe übergreifend; helle Ringe weißlich bis lohbraun, oft mit blaßgrüner Einfassung, schmal, durchschnittlich 29; Kopf schwarz, manchmal mit rötlichen Stellen; 182 - 196 Ventralia; ausschließlich in Zentral-Mexiko .... *ruthveni*
Keine der vorgenannten Merkmalskombinationen **7**

7. Dorsalzeichnung aus schwarzen und rein weißen Ringen; schwarze Ringe manchmal mit einer roten Unterbrechung; mehr als 30 weiße Ringe; Schnauze schwarz; nur südliches Washington bis Baja California .... *zonata*
Dorsalzeichnung variabel; die hellen Ringe selten rein weiß wenn die Schnauze schwarz ist; weniger als 30 helle Ringe; weitverbreitet von Süd-Kanada bis Ecuador .... *triangulum*

Lampropeltis alterna

Graugebänderte Königsnatter
Lampropeltis alterna (BROWN 1901)

Die Graugebänderte Königsnatter ist eine mäßig große Art von etwa 1,20 m Länge. Der Kopf ist deutlich vom Hals abgesetzt und hat eine gesprenkelte Oberseite. Die Zeichnung besteht aus einer Reihe weiß abgesetzter schwarzer Flecken oder Sattelflecken, die ein rotes Zentrum aufweisen können. Unvollständig ausgeprägte Zeichnungselemente können in den Hauptelementen auftreten. Bei der Nominatform (*alterna*) zählen die Sattelflecken etwa 15 - 39, während es bei der Form *blairi* FLURY 1950 nur deren 9 - 17 sind. Das Auge ist relativ groß und hat eine silbergraue Iris (ein gutes Unterscheidungsmerkmal zu *mexicana*). 210 - 232 Ventralia sind eine ungewöhnlich hohe Anzahl für ein Mitglied der *mexicana*-Gruppe. Ein mehr technisches Unterscheidungsmerkmal zu der sehr ähnlichen *L. mexicana* ist, daß die unteren (proximalen) Stacheln des Hemipenis im Querschnitt ovoid und ungefähr 0,7 mm lang sind. Bei *mexicana* sind sie kürzer und eher dreieckig. Die Maximalgröße liegt bei 1,30 Metern.

VERBREITUNG: Südwestliches Texas und nördliches Mexiko

Ein ziemlich typisches Exemplar von L. alterna mit grauer Grundfarbe und breiten, ununterbrochenen, roten Sattelflecken. Foto: R.G. Markel

(Coahuila, Durango). Exemplare wurden schon überall im Mapimian-Teil der Chihuahua Wüste gefunden. Diese Fundorte liegen alle zwischen 32°N und 25°N.

MERISTISCHE MERKMALE: 25 Dorsalschuppenreihen; 210 - 232

Lampropeltis alterna *Graugebänderte Königsnatter*

Lampropeltis alterna

L. alterna und L. mexicana wurden für lange Zeit als eine Art betrachtet, die als Mexikanische Königsnatter bezeichnet wurde. Erst vor kurzen wurden sie taxonomisch getrennt. Beide gehören zu den am längsten in größeren Stückzahlen gezüchteten Schlangen. Das Foto gibt einen Eindruck von den verschiedenen Zeichnungsformen.
Foto: K. Freemann

Ventralia; 58 - 63 Subcaudalia; 7 Supra-, 10 - 12 Infralabialia; 9 - 39 Sattelflecken oder Ringe.

KOPFZEICHNUNG: Hinterkopf grau mit schwarzen Linien oder Punkten; manchmal vollständig schwarz. Dorsalzeichnung: Eine Reihe von weiß eingefaßten schwarzen Flecken, Sattelflecken oder Ringen mit zumindest teilweise roten Zentren; normalerweise 14 - 20 Sattelflecken, jedoch hochgradig variabel. Zwischen den Sattelflecken liegen graue Abschnitte, die oftmals ebenso breit wie die Flecken sind. Eine andere Zeichnungsvarietät ist eine graue Grundfärbung mit 17 - 23 schmalen schwarzen Binden, die gelegentlich zu gepunkteten Querlinien reduziert sein können. Gelegentlich können rote Unterbrechungen in den schwarzen Zeichnungselementen auftreten.

VENTRALZEICHNUNG: Hell, nahezu weiß, mit einigen schwarzen Bändern, die fast geschlossen sein können. Melanistische Exemplare können unterseits überwiegend grau, dunkelgrau oder schwarz sein, insbesondere auf der Schwanzunterseite.

JUNGTIERE: 18 - 25 cm; wie die Adulti.

GRÖSSE: 107 - 127 cm

REVISIONEN: GEHLBACH (1967), GARSTKA (1982)

Über viele Jahre wurde L. alterna unter dem Namen L. blairi, Blairs Königsnatter, geführt. Dieser Name war von Flury im Jahre 1950 für eine scheinbar neue und sehr seltene Natter aus Südwest-Texas eingeführt worden. Es dauerte fast 15 Jahre bis genügend Material gesammelt worden war, um zu beweisen, daß blairi nur eine Varietät von der ebenfalls seltenen und unerforschten alterna ist. Die Morphe blairi hat breite rote Sattelflecken während bei typischen alterna das Rot reduziert ist oder sogar fehlt.
Foto: Ken Lucas

Lampropeltis alterna

Dieses außergewöhnlich blaue Exemplar von L. alterna weist eine relativ typische blairi-Zeichnung mit leicht reduzierten roten Sattelflecken im hinteren Bereich auf Foto: R.W. Applegate

*Obwohl die meisten Wildfänge von L. alterna eine gräuliche bis graublaue Grundfärbung besitzen, gibt es in der Natur wie im Terrarium einige Tiere, bei denen das Grau mit Blau akzentuiert ist. Solche Tiere sind besonders ansprechend.
Foto: D. Soderberg*

*Bei diesem Exemplar von L. alterna sind die roten Sattelflecken durch Aufhellungen in der Mitte geteilt und verleihen der Schlange ein ungewöhnliches Aussehen, das eher für einige Zeichnungstypen von L. mexicana typisch ist. Die vereinfachte Kopfzeichnung ist andererseits für alterna charakteristisch.
Foto: Alex Kerstitch*

Lampropeltis calligaster

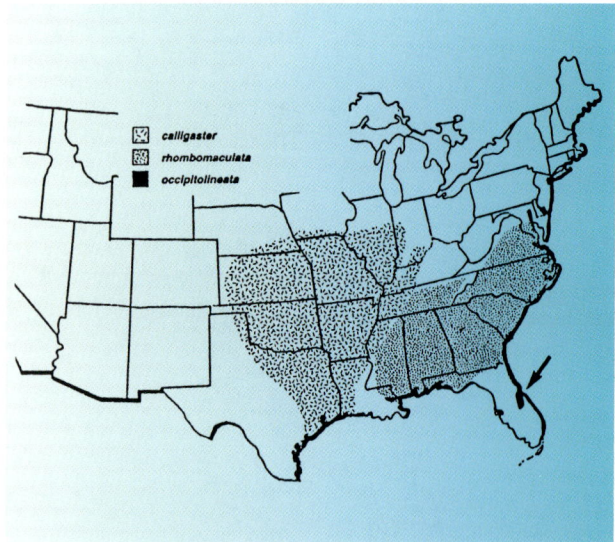

Prärie-Königsnatter

Lampropeltis calligaster (HARLAN 1827)

Bei dieser relativ wenig bekannten Königsnatter sind die beiden letzten Maxillarzähne wie bei *L. getulus* nicht vergrößert. Die Dorsalzeichnung besteht aus einer hell- bis dunkelbraunen Grundfarbe mit dunkelbraunen bis rötlichen Dorsal- und Lateralflecken. Hinsichtlich der Färbung sind die beiden Unterarten je nach Fundort, Alter und auch in der individuellen Zeichnung sehr variabel. Die Hemipenes sind nur geringfügig asymmetrisch und flach bilobat. Allgemein werden zwei Unterarten anerkannt, jedoch wurde erst kürzlich eine dritte beschrieben, welche hier wie eine Problemform behandelt wird. Bei einer bibliographischen

L. calligaster calligaster, *Jungtier. Foto: R.G. Markel*

Lampropeltis calligaster calligaster, *Prärie-Königsnatter*

Bearbeitung stellte FITCH (1970) fest, daß die Art zwischen 6 und 17, im Durchschnitt 11 Eier pro Gelege produziert. Die Art als Ganze ist von Maryland und Nord- (oder Zentral-) Florida westlich bis Tennessee und Kentucky, Indiana, Illinois und Süd-Iowa und bis Nebraska, West-Kansas, Oklahoma und Ost-Texas verbreitet.
REVISIONEN: BLANCHARD (1921), BLANEY (1978)

Prärie-Königsnatter

Lampropeltis calligaster calligaster (HARLAN 1827)

Die Nominatform der Prärie-Königsnatter hat normalerweise ungefähr 60 Dorsalflecken sowie 23 - 27 Dorsalschuppenreihen. In der Regel sind die Dorsalflecken an der Vorder- wie auch der Hinterseite konkav, jedoch unterliegt dies einer individuellen Variation. Die Unterart bewohnt eine Reihe verschiedener Biotope wie Grasland, brachliegende Felder, Straßenböschungen, bebaute Felder und offenes Busch- und Waldland. KLIMSTRA (1959) stellte bei Untersuchungen an einer Population in Illinois fest, daß das Nahrungsspektrum zu 68,6% aus Säugetieren, 11,2% Amphibien, 6,8% Reptilien, 6,8% Vögeln und 6,4% Insekten bestand. Die Gesamtlänge liegt bei 127 cm.

Lampropeltis calligaster Rhombomaculata

Ein dunkles Exemplar von L. c. calligaster. Eine solche klare Zeichnung ist eher für Jungtiere als für Adulti typisch. Foto: R.G. Markel

VERBREITUNG: Von Indiana westlich bis Nebraska, südlich entlang des Mississippi Tales bis ins östliche Texas und das westliche Louisiana.

MERISTISCHE MERKMALE: 23 - 27 Dorsalschuppenreihen, meistens 25 - 27; 196 - 215 Ventralia, 38 - 57 Subcaudalia, 7, seltener 8 Supralabialia, 9 - 11 Infralabialia, 46 - 78 Dorsalflecken.

KOPFZEICHNUNG: Auf der Oberseite befindet sich ein V- oder pfeilförmiges graues bis dunkel olivgrünes Zeichen ohne weitere Markierungen oder ein mäßig dichtes Muster aus Strichen und Punkten.

DORSALZEICHNUNG: Ungefähr 60 rötliche oder grünliche, schwarz gesäumte, beinahe rechteckige Vertebralflecken mit meistens konkaven Rändern. Sie können in zwei einzelne Reihen aufgeteilt sein und werden normalerweise von zwei Reihen kleinerer Lateralflecken flankiert. Außer bei sehr großen Exemplaren ist die Zeichnung meistens sehr deutlich. Manchmal verbinden sich die Flecken zu Streifen.

VENTRALZEICHNUNG: Üblicherweise gelb mit einzelnen braunen Flecken. Jungtiere: 23 - 28 cm beim Schlupf; meistens deutlich gefleckt.

GRÖSSE: 76 - 107 cm

Mullnatter

Lampropeltis calligaster rhombomaculata (HOLBROOK 1840)

Die Mullnatter hat selten mehr als 56 Dorsalflecken und 21 - 23 Dorsalschuppenreihen. Sind die Dorsalflecken deutlich ausgeprägt, haben sie generell konkave Vorder- und Hinterränder. Diese Unterart ist jedoch dafür bekannt, daß die Flecken bei semiadulten bis adulten Exemplaren verlorengehen, so daß diese Tiere nur noch

Lampropeltis calligaster rhombomaculata, *Mullnatter*

Die konkaven Vorder- und Hinterränder der Dorsalflecken sind bei dieser L. c. calligaster ziemlich deutlich zu erkennen. Foto: R.G. Markel

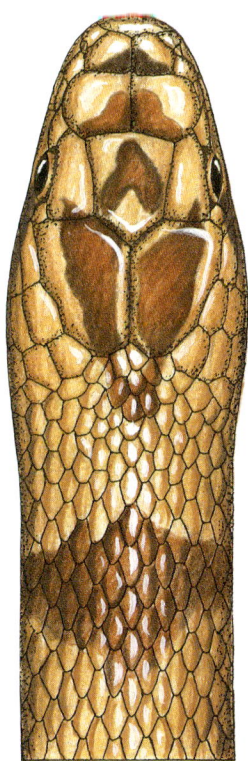

Lampropeltis calligaster occipitolineata

Eine nahezu zeichnungslose, adulte L. c. rhombomaculata. Foto: R.G. Markel

einfarbig bräunlich aussehen. Als Biotope werden Wälder, offene Felder und kultivierte Flächen besiedelt. Die Schlange ist für ihre versteckte, grabende Lebensweise bekannt. Außer nach schweren, nächtlichen Regenfällen begegnet man ihr selten. HAMILTON & POLLACK (1955) fanden zwei Exemplare, die Baumwollratten (Sigmodon) gefressen hatten. LOCKWOOD (1954) berichtete über eine Vorliebe für Schlangen und Glasschleichen (Ophisaurus) bei einem Terrarienexemplar aus North Carolina. Adulti erreichen eine Länge von bis zu 122 cm.

VERBREITUNG: Von Maryland bis Nord-Florida, westlich bis Tennessee und ins südöstliche Louisiana.

MERISTISCHE MERKMALE: 19 - 23 Dorsalschuppenreihen, 186 - 213 Ventralia, 36 - 55 Subcaudalia, 7 Supra- und 8 - 9 Infralabialia; 42 - 71 Dorsalflecken, normalerweise um 56.

KOPFZEICHNUNG: Abgesehen von kleinen Exemplaren, die eine aufgelöste Pfeilspitzenzeichnung haben können, wird jegliche Zeichnung von der dunklen Allgemeinfärbung unterdrückt.

DORSALZEICHNUNG: Gewöhnlich um 56 rötlich braune, dunkel umrahmte Vertebralflecken mit geraden oder leicht konvexen Rändern und oftmals kleineren Flankenflecken. Ältere Tieren können völlig einfarbig dunkelbraun und zeichnungslos sein. Als Anomalie kann eine Streifenzeichnung auftreten.

VENTRALZEICHNUNG: Gelblich bis weißlich, braun gewürfelt, gefleckt oder angehaucht.

JUNGTIERE: 20 - 23 cm beim Schlupf. Deutlich mit roten oder braunen, scharf abgegrenzten Flecken gezeichnet. Zwei langgestreckte braune Streifen im Nacken.

GRÖSSE: 76 - 102 cm

Süd-Florida-Mullnatter (Problemform)
Lampropeltis calligaster occipitolineata PRICE, 1987

Das erst kürzlich beschriebene Taxon ist nur von drei Exemplaren und dem Foto eines vierten bekannt, so daß eine endgültige Beurteilung seiner Abgrenzbarkeit noch nicht möglich ist. Es scheint, daß hier einige Merkmale der beiden anderen Unterarten in einer ungewöhnlichen Mischung vereint seien. Die beiden bekannten Fundorte liegen 160 und 320 km südlich der Verbreitung von *L. calligaster rhombomaculata* im nördlichen Florida. Die Form wird durch eine hohe Anzahl von Dorsalflecken (78 - 79) und 21 Reihen Dorsalschuppen diagnostiziert.

Eine sehr typische Mullnatter. Foto: R.G. Markel

VERBREITUNG: Nur aus Okeechobee und dem Brevard County in Florida bekannt.

MERISTISCHE MERKMALE: 21 Dorsalschuppenreihen; die weiteren Schuppenwerte wahrscheinlich wie bei *L. calligaster rhombomaculata*; 78 - 79 Dorsalflecken, deutlich auch bei großen Adulti.

Eine junge Mullnatter mit reduzierter Dorsalzeichnung. Foto: R. Anderson

Lampropeltis getulus

KOPFZEICHNUNG: Kleine Flecken, Punkte und filigrane dunkle Linien auf dem Hinterkopf.

VENTRALZEICHNUNG: Vermutlich wie bei den anderen Unterarten.

JUNGTIERE: Nicht bekannt.

GRÖSSE: Vermutlich wie bei den anderen Unterarten.

Gewöhnliche Königsnatter
Lampropeltis getulus (LINNAEUS 1766)

Die Gewöhnliche Königsnatter ist von der Atlantikküste Nordamerikas unterhalb des 41. Breitengrades bis an den Pazifik unterhalb des 43. Breitengrades verbreitet und kommt südlich bis Zacatecas und San Luis Potosi in Mexiko vor. Dieses Gebiet schließt auch den größten Teil der Baja California ein. Es hat den Anschein, daß die Art nur in Colorado, dem nördlichen Drittel von New Mexico, Nordost-Arizona, dem größten Teil von Utah und im nordöstlichen Nevada fehlt. Der bewohnte Höhenbereich erstreckt sich von Meereshöhe bis 1950 m. In weiten Teilen ihrer Verbreitung ist sie eine häufige und allgemein bekannte Schlange und sogar eine der wenigen, die als Giftschlangenvertilger geschätzt wird. Aufgrund der komplexen Variabilität in ihrem riesigen Verbreitungsgebiet ist es enorm schwierig, die Art sinnvoll zu definieren. Allgemein ist die Grundfarbe durchgehend dunkelbraun bis schwarz, und grelle Farben, d.h. rote oder orange Töne fehlen. Es besteht eine Neigung zu gelben Zentren zumindest bei einigen Lateralschuppen, und diese Merkmale zusammengenommen reichen für eine Bestimmung meistens schon aus. Weiterhin sind 198 - 255 Ventralia und 37 - 63 Subcaudalia vorhanden. Die Hemipenes sind deutlich bis schwach

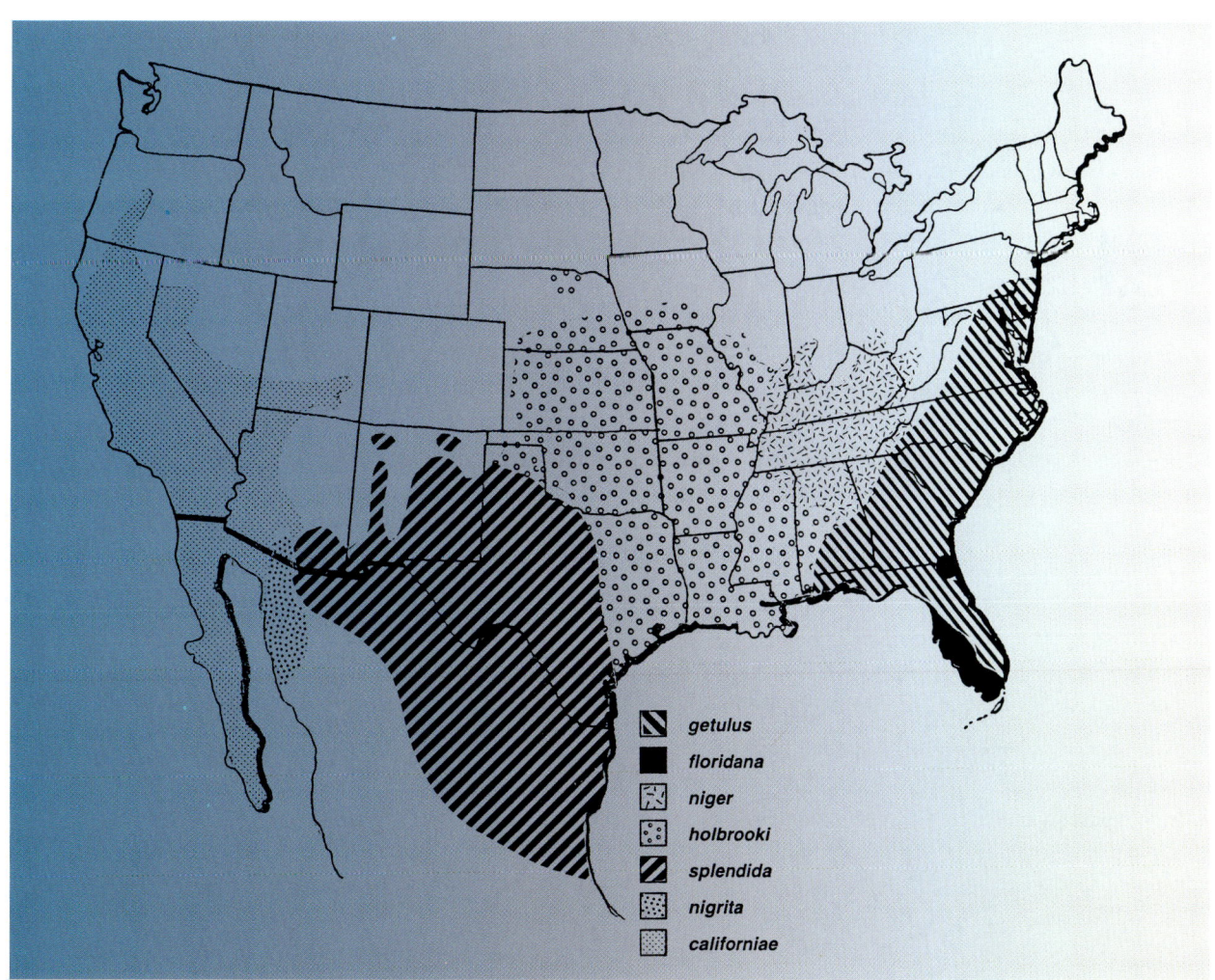

Lampropeltis getulus californiae

Die Zeichnungsvariabilität der Kalifornischen Königsnatter, L. g. californiae, hat die Herpetologen für lange Zeit verwirrt. Nicht nur, daß es gestreifte und geringelte Phasen gibt, jede Phase ist auch noch hinsichtlich Zeichnungsdetails und Färbung variabel. Die Geringelte Varietät verfügt über ein äußerst kontrastreiches Farbkleid aus satt gelben und kastanienbraunen Ringen. Für die boyli-Phase sind jedoch weiße und schwarze Töne typischer, und wenige Tiere sind so attraktiv wie das hier abgebildete. Durch Auswahlzucht wird versucht, diese augenfälligen Farbspielarten auf einer regelmäßigen Basis zu reproduzieren. Foto: B. Kahl

bilobat. Seit der letzten Revision werden neun Unterarten anerkannt, wenngleich Terrarianer noch weitere vier oder fünf Namen verwenden. Letztere werden hier als Problemfälle behandelt, da sie gegenwärtig als diese Formen reinerbig in Gefangenschaft gezüchtet werden. Wie BLANEY (1977) annahm, handelt es sich dabei jedoch vermutlich um Synonyme der anderen Unterarten. Es wäre deshalb besser, wenn diese Bezeichnungen solange nicht mehr verwendet würden, bis möglicherweise neue wissenschaftliche Erkenntnisse zur Revalidierung der Taxa führen.

D.R. FROST und J.T. COLLINS (1988: Herpetological Review, 19 [4]) weisen darauf hin, daß aus technisch-nomenklatorischen Gründen eine geringfügige Namensänderung bei zwei Taxa erforderlich sei; getulus müßte zu getula und niger zu nigra werden. Ob diese Änderungen akzeptiert oder ignoriert werden, bleibt abzuwarten. Die eingebürgerte Schreibweise soll hier beibehalten werden.

Die Kalifornische Königsnatter, Die Florida-Königsnatter und ihre Varietäten und in geringerem Maße auch einige der anderen Unterarten gehören zu den am häufigsten gehaltenen und gezüchteten Schlangen in Nordamerika. Die Kalifornische Königsnatter ist für ihr dimorphes Erscheinungsbild bekannt, und sowohl die weiß geringelte wie auch die weiß gestreifte Varietät wird mit wechselnder Häufigkeit in verschiedenen Teilen des Verbreitungsgebietes angetroffen. Von einigen Subspezies werden regelmäßig Albinos gezüchtet. Die Anzahl der Eier pro Gelege schwankt zwischen 5 und 17 mit einem Durchschnitt von ungefähr 10 (FITCH 1970).

REVISIONEN: BLANEY (1977)

Kalifornische Königsnatter
Lampropeltis getulus californiae (BLAINVILLE 1835)

Die Grundfarbe der Kalifornischen Königsnatter ist schwarz oder braun mit einer Zeichnung aus weißen oder cremefarbenen Streifen oder Bändern (Ringen). Exemplare beider Zeichnungsvarietäten kommen sympatrisch in Süd-Kalifornien und auf der Baja California vor. Im größten Teil des Verbreitungsgebietes trifft man jedoch nur auf die geringelte Form. Der Status der Baja California Populationen ist noch immer umstritten, und die Namen conjuncta (COPE 1861) und nitida VAN DENBURGH 1895 werden weiterhin oftmals für die gebänderte oder geringelte Form, bzw. für die gestreifte oder melanistische verwendet. Die typische gebänderte oder geringelte Form wurde lange Zeit als eigene Art, L. boylii (BAIRD & GIRARD 1853) betrachtet. Auf geringelte Tiere aus Arizona fußend, ist auch yumensis BLANCHARD 1919 ein Synonym dieser Unterart. Ungewöhnliche Varietäten sind nicht außergewöhnlich bei dieser Subspezies, und es gibt intermediäre Tiere zwischen der Geringelten und der Gestreiften Phase. Die Populationen aus dem

Lampropeltis getulus californiae

San Joaquin Valley sind für ihre amelanistischen Ventralschuppen bekannt. Albinos und Fehlfarben werden landläufig gezüchtet. Die von der Schlange bewohnten Habitate reichen von der Wüste bis zu Buschsavannen, Ackerland, Flußbetten, Grasland und Laub- wie auch Nadelwäldern. Die Adultgröße liegt bei 152 cm.

VERBREITUNG: Von Oregon bis Süd-Utah, Arizona, Nevada, Kalifornien und auf der Baja California (Mexiko). Übergangspopulationen zu splendida im südöstlichen Arizona.

MERISTISCHE MERKMALE: 23 - 25 Dorsalschuppenreihen; 213 - 255 Ventralia; 44 - 63 Subcaudalia; 7 - 8 Supra- und 9 -10 Infralabialia; 21 - 44 helle Dorsalringe (manchmal gestreift).

KOPFZEICHNUNG: Interorbital- und Okzipitalbereich schwarz mit einem zentralen hellen Fleck im hinteren Bereich; Schnauze und untere Hälfte heller.

DORSALZEICHNUNG: Zwei Zeichnungstypen, d.h. entweder gebändert/geringelt oder gestreift sowie intermediäre Formen mit unterbrochenen Streifen oder Flecken oder sogar halb gestreift und halb gebändert. Dunkelbraun oder schwarz mit weißer bis blaßgelber Zeichnung. Bei

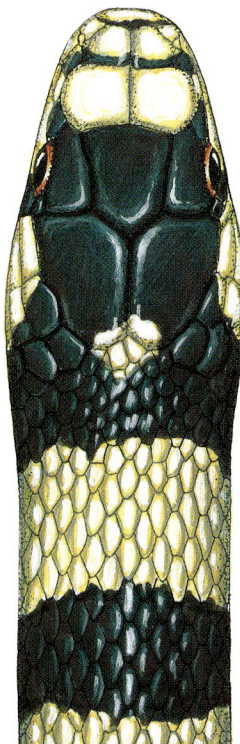

Lampropeltis getulus californiae "boylii" *Kalifornische Königsnatter (Geringelte Phase)*

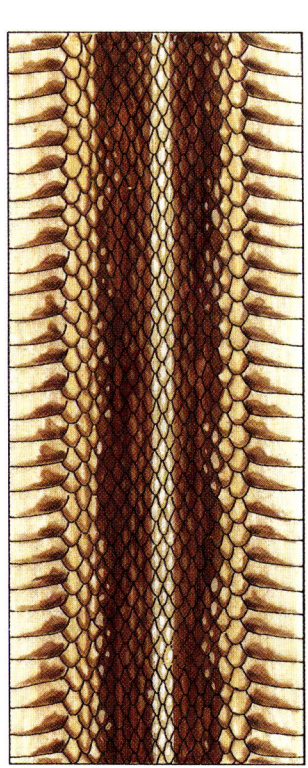
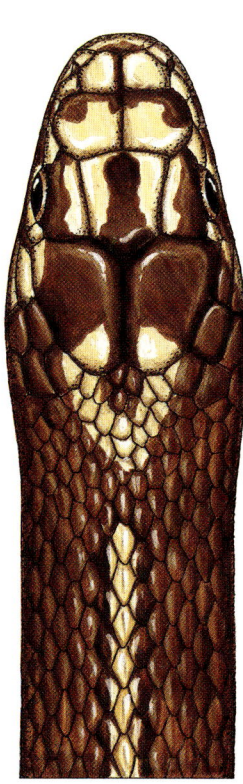

Lampropeltis getulus californiae *Kalifornische Königsnatter (Gestreifte Phase)*

Lampropeltis getulus californiae

*Zwei Extreme der Geringelten Kalifornischen Königsnatter. Man beachte die ventrolaterale Verbreiterung der weißen Bänder bei dem oben gezeigten Tier. Dieses Merkmal erweist sich als nützlich, um diese Unterart von anderen schwarz und weiß gezeichneten zu unterscheiden.
Foto oben: S. Kochetov, unten: Ken Lucas, Steinhart Aquarium*

Lampropeltis getulus californiae

gebänderten Exemplaren verbreitern sich die hellen Bänder zum Bauch hin deutlich.

VENTRALZEICHNUNG: Kann gewürfelt sein oder durchgehende Bänder haben. Manchmal ist der Bauch völlig schwarz, oder die Schwarzfärbung ist auf die Schwanzunterseite beschränkt.

JUNGTIERE: Normalerweise Kopien der Eltern, jedoch können in einem Gelege gestreifte wie gebänderte Tiere auftreten.

GRÖSSE: 107 - 127 cm

Ein sehr regelmäßig gestreiftes Exemplar von L. g. californiae. Foto: R.G. Markel

Ein sehr kontrastreich gezeichnetes Tier der Geringelten Phase von L. g. californiae. Foto: R.G. Markel

Diese merkwürdig gezeichnete Kalifornische Königsnatter besitzt eine sehr unregelmäßige Dorsalzeichnung mit Flecken auf den Flanken unterhalb der Bänder. Möglicherweise stammt sie aus dem Intergradationsstreifen mit splendida. Foto: Alex Kerstitch

Lampropeltis getulus californiae

Zwei Zeichnungsvarietäten der Gestreiften Phase von L. g. californiae. Derartige Abweichungen vom normalen Erscheinungsbild sind bei einigen Populationen der Kalifornischen Königsnatter nicht selten und können sogar innerhalb begrenzter geographischer Regionen sehr konstant sein, so daß die meisten oder alle Tiere einem bestimmten Fundort zugeordnet werden können. Das obere Exemplar zeigt viel Gelb auf den Flanken und eine relativ regelmäßige, vertebrale Rhombenzeichnung. Solchermaßen gemusterte Tiere belegen die Verwandtschaft von gestreiften und geringelten Populationen. Das auf dem mittleren Bild dargestellte hat eine Mischzeichnung aus vertebralen Flecken, unterbrochenen Streifen und sogar einem ziemlich kompletten Band.
Foto oben: R.G. Markel
Mitte: B.E. Baur

Eine dunkle, gebänderte Kalifornische Königsnatter der "conjuncta"- Phase von der Baja California. Foto: R.G. Markel

Lampropeltis getulus californiae

Die auf der Baja California heimischen Kalifornischen Königsnattern waren lange Zeit ein Streitpunkt zwischen Herpetologen und Terrarianern. Sie unterscheiden sich in kleineren Details von typischen californiae, denen von den Herpetologen jedoch keine formelle Bedeutung zugemessen wird. Für diese Tiere stehen wenigstens zwei Synonyme zur Verfügung, nämlich "conjuncta" für gebänderte und "nitida" für gestreifte Exemplare. Wie den Fotos hier zu entnehmen ist, haben Baja-Königsnattern eine starke Neigung zu Melanismus. Bei den oben und in der Mitte gezeigten Tieren ist bei näherem Betrachten ein kaum sichtbarer heller Vertebralstreifen vorhanden. Das unten abgebildete Tier hingegen scheint keinerlei Zeichnung zu besitzen. Ernsthafte Züchter versuchen, reine Zuchtlinien zu erhalten, denn diese Varietäten sind sehr gefragt. Auf diese Weise werden aber auch kleine, vom normalen Erscheinungsbild abweichende Populationen in ihrem Fortbestand unterstützt, welche vielleicht eines Tages doch wieder als gültige Taxa betrachtet werden.
Fotos: R.G. Markel

Lampropeltis getulus floridana

Florida-Königsnatter
Lampropeltis getulus floridana BLANCHARD 1919

Die Florida-Königsnatter unterscheidet sich von den anderen Unterarten durch den Besitz von 22 bis 66 hellen, d.h. gelbe bis orangefarbene Querbänder auf einer schokoladenbraunen Grundfarbe. Mit zunehmendem Alter hellt die Grundfarbe auf, so daß helle Schuppenzentren sichtbar werden. Die nördlichen Populationen haben eine lohbraune Grundfarbe und 12 - 20 dunkelbraune Sattelflecken. Zum Süden hin hellen die Farben auf, bis bei den Tieren aus Süd-Florida - die sogenannten *brooksi* BARBOUR 1919 - beinahe keine dunklen Zeichnungselemente vorhanden sind. Letztere sind durch die große Anzahl von Schuppen mit hellem Innenhof nahezu einfarbig hellgelb. Terrarianer unterscheiden noch immer zwischen zwei Varietäten, die BLANEY für Reliktformen aus einer Intergradation zwischen *floridana* und *getulus* hält. Die Gefleckte Königsnatter, *L. getulus goini* NEILL & ALLEN 1949 ist auch als Chipola-Königsnatter bekannt. Sie hat gewöhnlich eine helle Grundfarbe mit 15 - 17 breiten dunklen Sattelflecken, in welchen jede Schuppe einen hellen Innenhof besitzt. Die Bauchseite hat die gleiche stumpf- bis hellbraune Färbung wie die Sattelflecken und ein Muster aus

Ein ziemlich typisches Exemplar der Florida-Königsnatter, L. g. floridana. Foto: G. Marcuse

Lampropeltis getulus floridana *Florida-Königsnatter*

Lampropeltis getulus floridana

Lampropeltis getulus floridana "brooksi" Florida-Königsnatter (Goldene Phase)

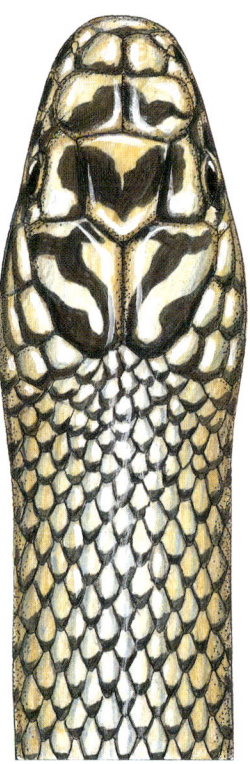
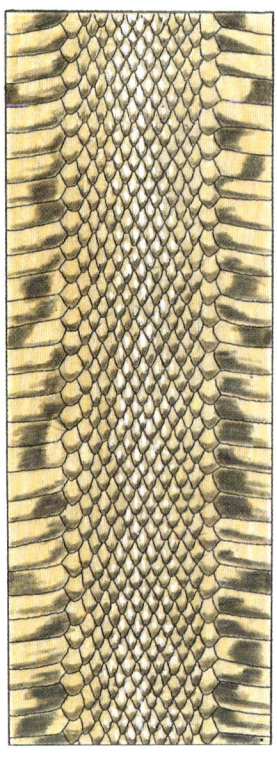

Bei dieser typischen Florida-Königsnatter sind die hellen Querbänder deutlich von der dunklen Grundfarbe abgehoben, obwohl die meisten dunklen Schuppen eindeutig helle Zentren aufweisen. Durch gezieltes Züchten wird eine Vergrößerung der Gelbanteile und damit die "brooksi-Phase" erreicht. Foto: R.G. Markel

Diese Florida-Königsnatter besitzt die deutliche Mahagonifärbung, die oft mit dieser Unterart in Verbindung gebracht wird. Sie ist eine der attraktiveren Unterarten von getulus. Foto: J. Coborn

Lampropeltis getulus floridana

Die Gefleckte Königsnatter, L. g. "goini" als Jungtier (oben links) und erwachsen (oben und unten). Die gefällige Zeichnung wird als Relikt einer einst existierenden Übergangspopulation L. g. getulus x L. g. floridana betrachtet. Züchter schätzen sie und erhalten sie reinerbig. Foto: R.G. Markel

abwechselnden dunklen Stellen. Der Kopf ist überwiegend hell mit Ausnahme der Labialschilder, welche mit schmalen Strichen oder Punkten gezeichnet sind. Die dorsalen Sattelflecken erstrecken sich nicht wie bei *getulus* bis auf den Bauch und liegen durchschnittlich in einer geringeren Anzahl als bei der Östlichen Königsnatter vor. Es sind im Mittel 216 Ventralia, 53 Subcaudalia und 19 - 21 Dorsaliareihen vorhanden. Als Biotope werden Sandflächen, Quellsümpfe, Flußtäler und feuchte Waldgebiete auf Meereshöhe wie auch in Hügellandschaften besiedelt. Die Adultgröße beträgt bis 152 cm. Sie kommt ausschließlich in den Chipola und Apalachicola Flußtälern des Florida Panhandle vor. BLANEY überführte das Taxon in die Synonymie von *getulus getulus* und betrachtete es als Beispiel einer extremen Übergangsform zwischen *L. g. getulus* und *L. g. floridana* Populationen. Die ansprechende, klare Zeichnung machen die Schlange bei Terrarianern äußerst beliebt. Sie wird in Gefangenschaft reinerbig gezüchtet. Die Verbreitung der Insel-Königsnatter, *L. getulus sticticeps* BARBOUR & ENGELS 1942 ist auf Ocracoke und vermutlich einige andere Inseln der Outer Banks von North Carolina beschränkt. Sie ist durch ihren breiten, flachen Kopf mit der deutlichen, weißen Zeichnung leicht zu erkennen. Große weiße Flecken zieren die Lippenschilder und erstrecken sich weiter entlang der Körperflanken. Ungefähr 24 weiße Bänder überqueren den Rücken, reichen jedoch nicht an die Ventralia heran. Die Grundfarbe ist dunkelbraun mit deutlich kontrastierenden weißen Lateralflecken. Der Bauch ist dunkel mit gelegentlichen Aufhellungen. Sandflächen mit Gebüsch und dichter bewaldete Zonen sind bevorzugte Lebensräume.

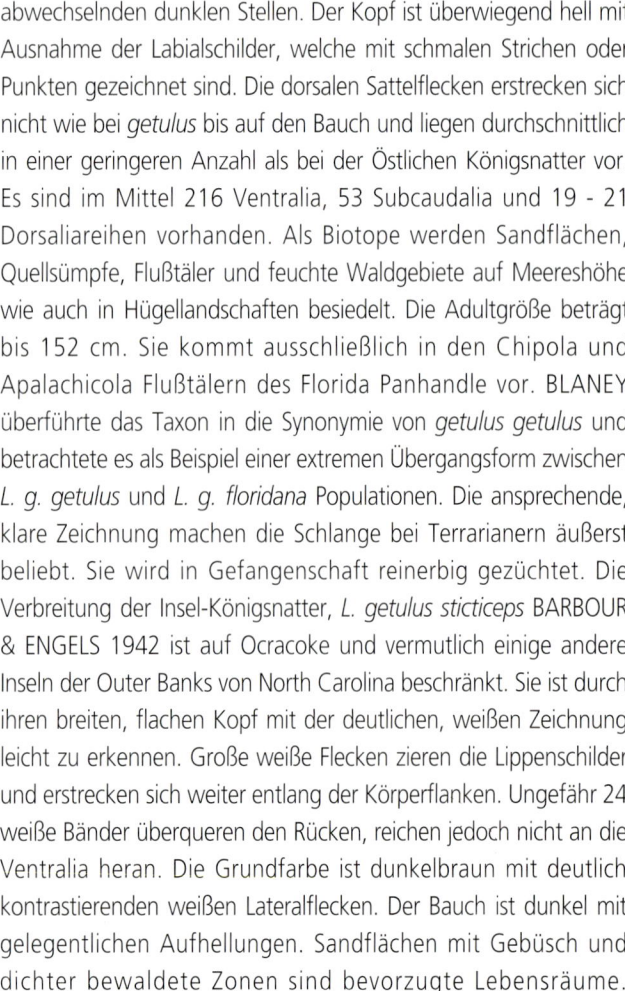

Ausgewachsene Exemplar erreichen eine Länge von bis zu 127 cm. BLANEY betrachtete diese Form als Übergang zwischen *getulus* und *floridana* wengleich sie heute weit außerhalb nördlich der Verbreitung von *floridana* vorkommt. Es wird vermutet, daß sich hier eine Intergradationsform erhalten hat, die vor Tausenden von

Lampropeltis getulus floridana

Jahren entstanden ist als *floridana* noch erheblich weiter nördlich entlang der Küste vorkam und die Verbreitungsgebiete aller Unterarten andere als die heutigen waren.

VERBREITUNG: Zentral- und Süd-Florida mit isolierten Populationen im nordöstlichen Florida und im Panhandle. Mischformen mit *getulus* sind aus weiten Gebieten des nördlichen Zentral-Floridas bekannt, während typische Beispiele (der brooksi-Typ) hauptsächlich auf das südliche Drittel von Florida beschränkt sind.

MERISTISCHE MERKMALE: 23 Dorsaliareihen; 210 - 221 Ventralia; 44 - 58 Subcaudalia; 7 - 8 Supra- und 9 - 10 Infralabialia; 22 - 66 helle Dorsalbänder. Kopfzeichnung: Schuppen mit hellen Zentren, marginal dunkler; Labialia blaß mit dünnen vertikalen Linien.

DORSALZEICHNUNG: Grundfarbe braun mit zahlreichen gelben Querbändern, die quadratische Sattelflecken entstehen lassen. Die Sattelflecken umrunden den Körper nicht. Bei Tieren aus Süd-

*Bei der Insel-Königsnatter L. g. getulus x floridana "stricticeps" entspricht das Erscheinungsbild weitgehend dem typischer getulus. Die Abweichungen bestehen in der Neigung zu Schuppen mit hellem Innenhof, einer deutlichen weißen Fleckung entlang der Ventrolateralflächen, schmalen vertebralen Querbändern und einem etwas anders geformten Kopf. Das Taxon ist seit seiner Erstbeschreibung heftig umstritten wobei Herpetologen zu kontroversen Ergebnissen kommen wenn das ihnen vorliegende Material dem Taxon entspricht oder nicht. Wenn auch die Wissenschaftler "stricticeps" derzeit nicht anerkennen, versuchen engagierte Züchter doch, die Form reinerbig in Gefangenschaft zu erhalten.
Fotos: R.G. Markel*

Florida verschwimmt die Zeichnung dadurch, daß alle Schuppen einen gelben Innenhof besitzen. Solche Exemplare erscheinen sehr blaß gelblich mit Spuren von dunkelbraun an den Schuppenrändern.

VENTRALZEICHNUNG: Gelblich mit einem dunkelbraunen Würfel- oder Fleckenmuster wobei sich die hellen Abschnitte bis auf die Körperseiten ziehen können und kleinere dunkle Flecken haben.

JUNGTIERE: 20 - 25 cm; sie können wie *L. g. getulus* ein Kettenmuster haben. Viele der Dorsalschuppen weisen rotbraune und einige Lateralia helle Zentren auf.

GRÖSSE: 91 - 122 cm

Lampropeltis getulus getulus

Östliche Königsnatter
Lampropeltis getulus getulus (LINNAEUS 1766)

Die Östliche Königsnatter wird aufgrund ihres deutlichen Musters von 15 - 44 hellen (meist gelben) Querbändern auf schokoladenbraunem bis schwarzem Grund auch häufig als Ketten-Königsnatter bezeichnet. Die Bänder sind meistens durch eine laterale Reihe verschmolzener, gelber Flecken verbunden, die zu einem kettenartigen Muster führen. Wälder, Wiesen, Auen und ähnliche wasserreiche Randgebiete werden von dieser Art bevorzugt, und stellenweise kann sie sehr häufig sein. HAMILTON & POLLACK (1955) stellten bei 13 Exemplaren aus Georgia fest, daß 11 Reptilien und 2 Säugetiere gefressen hatten. Eier von Schildkröten, Echsen und Schlangen fallen dieser Form ebenfalls häufig zum Opfer. Die Gesamtlänge kann 208 cm erreichen.

VERBREITUNG: Südliches New Jersey bis West Virginia südwärts bis in den Norden Floridas und westlich bis in die Appalachen und das südöstliche Alabama. Eine großräumige Intergradationszone mit *floridana* existiert in Zentral-Florida.

MERISTISCHE MERKMALE: 21 Dorsalschuppenreihen; 200 - 223 Ventralia; 37 - 57 Subcaudalia; 6 - 8 Supra- und 9 - 10 Infralabialia; 15 - 44 helle Rückenbinden.

Die Östliche Königsnatter ist aufgrund ihrer gliederartigen Zeichnung auch als Ketten-Königsnatter bekannt. In weiten Teilen des Südens ihrer Verbreitung kommt sie als Mischform mit der Florida- Königsnatter vor, was zum Teil ein Ergebnis einer veränderten Verbreitung seit der letzten Eiszeit ist. Foto: R.G. Markel

KOPFZEICHNUNG: Dunkel mit helleren, gelblichen Flecken; Lippenschilder mit dunklen aufrechten Linien.

DORSALZEICHNUNG: Schwarz oder dunkelbraun mit schmalen gelben bis cremefarbenen Querbändern, die lateral zu einem hellen Kettenmuster verbunden sind.

VENTRALZEICHNUNG: Vorzugsweise dunkel mit vereinzelten kleinen hellen Flecken.

JUNGTIERE: 23 - 28 cm beim Schlupf; abgesehen von kontrastreicherer Färbung und leuchtenderen helleren Bändern genaue Abbilder ihrer Eltern.

GRÖSSE: 122 - 152 cm

Lampropeltis getulus getulus, Östliche Königsnatter

Lampropeltis getulus holbrooki

Dieses Jungtier von L. g. getulus zeigt ventrolateral relativ viel Rot und scheint leicht aufgehellte Schuppenzentren zu haben. Möglicherweise stammt es aus der breiten Intergradationszone zwischen L. g. getulus *und* L. g. floridana. *Foto: Ken Lucas, Steinhart Aquarium*

Gesprenkelte Königsnatter
Lampropeltis getulus holbrooki (STEJNEGER 1902)

Die Gesprenkelte oder Pfeffer-und-Salz-Königsnatter kommt in mehreren unterscheidbaren Zeichnungsvariationen vor, die BLANEY als mikrogeographische Rassen betrachtet wurden. Die Unterart ist durch ihre kräftig braune bis tief schwarze Grundfärbung mit den zahllosen gelben Punkten einfach zu erkennen. Von diesen Punkten befindet sich jeweils einer auf jeder Schuppe; selten formen sie erkennbare Querbänder, und wenn doch, reichen diese nicht bis auf die Flanken. Die Varietät aus den Ebenen des Mississippi Tals hat einheitliche gelbe Punkte auf allen Schuppen. Die Flecken dehnen sich etwas aus und bilden undeutliche Dorsalbänder bei Tieren aus Ost-Mississippi und West-Alabama, während bei jenen westlich des Mississippi Tales aus dem südlichen Iowa und westlichen Illinois südwärts bis ins zentrale Louisiana eine sehr unregelmäßige Fleckung auftritt, die oftmals zu deutlichen schmalen Querbarren zusammenfließt. Die besiedelten Habitate reichen von Hochwäldern bis zu Prärien. Adulti können bis 163 cm Länge erreichen.

VERBREITUNG: Südwestliches Illinois bis südliches Iowa südwärts bis Ost-Texas und östlich bis ins südwestliche Alabama. Mischformen mit *niger* in einem breiten Streifen im Osten und einer sehr breiten Zone mit *splendida* im Westen der Verbreitung.

Lampropeltis getulus holbrooki Gefleckte Königsnatter

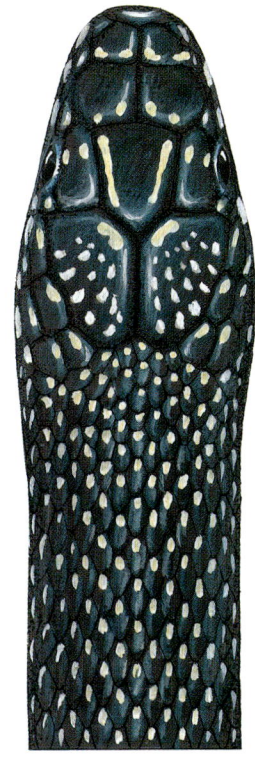
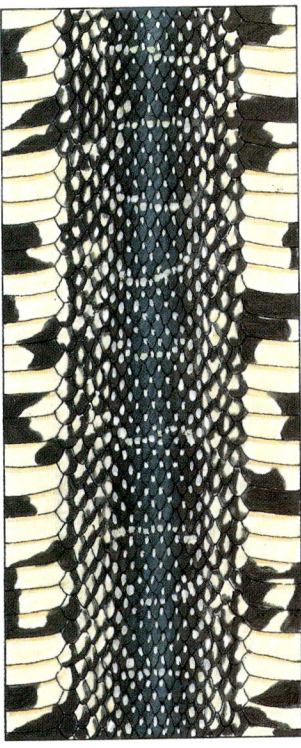

Lampropeltis getulus holbrooki

MERISTISCHE MERKMALE: 21 Dorsaliareihen; 197 - 222 Ventralia; 37 - 59 Subcaudalia; 6 - 8 Supra- und 9 -10 Infralabialia; helle Dorsalbänder fehlen oder sind unterschiedlich gut ausgeprägt; 41 - 85 wenn vorhanden.

KOPFZEICHNUNG: Dunkel mit hellen Punkten.

DORSALZEICHNUNG: Dunkelbraun oder schwarz, normalerweise mit jeweils einem leuchtend gelben Punkt auf jeder Schuppe, die kurzen, schmalen Querbarren verschmelzen können.

VENTRALZEICHNUNG: Bauch cremefarben mit verstreuten dunklen Quadraten und Rechtecken.

JUNGTIERE: 18 - 23 cm beim Schlupf; mit einer deutlicheren Neigung zur Bildung einer Barrenzeichnung als typische Adulti. Die Auflösung zu Punkten erfolgt mit zunehmendem Alter.

GRÖSSE: 91 - 122 cm

Beispiele von drei verschiedenen Dorsalzeichnungstypen der Gefleckten Königsnatter. Oben eine gleichmäßig gefleckte Tieflandform, darunter eine deutlich quergebänderte aus dem Westen und unten eine undeutliche gebänderte aus dem Osten der Verbreitung. Fotos: R.G. Markel (oben und Mitte) und S. Kochetov

Schwarze Königsnatter
Lampropeltis getulus niger (YARROW 1882)

Die Schwarze Königsnatter ist, wie der Trivial- und der wissenschaftliche Name andeuten, hauptsächlich schwarz. Einige Rückenschuppen können einen hellen Innenhof haben und gelegentlich zu kurzen, schmalen, schwach ausgeprägten Querbarren zusammenlaufen. Eine hellere laterale Punktzeichnung fehlt hingegen, und manche Exemplare verfügen über keinerlei helle Stellen. Geeignete Habitate sind Brachländer, offene Wälder, Bachufer sowie eine Reihe von Menschenhand geschaffene Sekundärbiotope. Ausgewachsene Exemplare messen bis 142 cm.

VERBREITUNG: Südliches Ohio bis südöstliches Illinois südlich bis Zentral-Alabama und das nordwestliche Georgia. An der Westgrenze der Verbreitung besteht ein breiter Intergradationsstreifen mit *holbrooki*.

MERISTISCHE MERKMALE: 21 Dorsalschuppenreihen; 198 - 217 Ventralia; 39 - 55 Subcaudalia; 7 Supra- und 9 - 10 Infralabialia; wenn überhaupt, 21 - 70 schwache, schmale helle Querbarren.

KOPFZEICHNUNG: Schwarz mit vereinzelten hellen Punkten.

DORSALZEICHNUNG: Meistens schwarz ohne oder mit schwacher hellerer Zeichnung. In letzterem Fall besteht das Muster aus wenigen weißen oder gelben Punkten auf dem Rücken, die zu undeutlichen, schmalen Querbarren verschmelzen und nicht bis auf die Flanken reichen. Lateralia ohne Punkte.

VENTRALZEICHNUNG: Bauch gewöhnlich zur Hälfte schwarz, zur Hälfte weiß ohne ein definierbares Muster.

JUNGTIERE: 18 - 20 cm; eine sehr deutliche Kettenzeichnung kann beim Schlupf vorhanden sein, verblaßt jedoch mit zunehmendem Alter.

GRÖSSE: 91 - 114 cm

Selbst eine sehr dunkle holbrooki (unten) besitzt noch mehr Zeichnung als eine niger (oben).
Foto: G. Carlzen (oben) und R.G. Markel

Eine ziemlich typische L. getulus niger, die Schwarze Königsnatter. Foto: G. Carlzen

Lampropeltis getulus niger *Schwarze Königsnatter*

Lampropeltis getulus nigritus

Der Mexikanischen Schwarzen Königsnatter fehlt in der Regel jegliches Gelb. Foto: R.G. Markel

Nur erwachsene L. t. gaigeae sind so einheitlich schwarz wie die oben von R.G. Markel fotografierte L. g. nigritus.

Schwarze Mexiko-Königsnatter
Lampropeltis getulus nigritus (ZWEIFEL & NORRIS 1955)

In ihrer reinen Form ist die Schwarze Mexiko-Königsnatter auf den Nordwesten Mexikos beschränkt und durch die rein schwarze Färbung einfach zu erkennen. Gelegentlich können einige vereinzelte, kleine gelbe Punkte auf den Flanken auftreten, die sich seltener auch auf einigen Rückenschuppen finden. Eine Querbarrenzeichnung existiert nicht. Die Schlange ist eine nachtaktive Wüstenform, über die wenig bekannt ist. Die Maximalgröße liegt bei 102 cm.

VERBREITUNG: Westliche Sonora und nordwestliche Sinaloa, Mexiko, mit einer Übergangszone zu *splendida* in Südöstarizona.

MERISTISCHE MERKMALE: 23 - 25 Dorsaliareihen; 213 - 225 Ventralia; 47 - 56 Subcaudalia; 7 - 8 Supra- und 9 - 10 Infralabialia; helle Querbinden fehlen.

KOPFZEICHNUNG: Schwarz.

DORSALZEICHNUNG: Einförmig dunkelbraun bis schwarz ohne Zeichnung; einige Lateral- und Dorsalschuppen können schwach hellere Zentren haben.

VENTRALZEICHNUNG: Beinahe einheitlich schwarz.

JUNGTIERE: 18 - 20 cm. Schlüpflinge unterscheiden sich von adulten Tieren durch eine schwach sichtbare Querbarrenzeichnung.

GRÖSSE: 61 - 91 cm

Lampropeltis getulus nigritus Mexikanische Schwarze Königsnatter

Lampropeltis getulus splendida

Wüsten-Königsnatter
Lampropeltis getulus splendida (BAIRD & GIRARD 1853)

Die Wüsten-Königsnatter ist eine dunkelbraune bis schwarze Schlange mit einer dichten, gelben, lateralen Fleckenzeichnung. Meistens hat jede einzelne Lateralschuppe einen gelben Innenhof. Schuppen mit gelben Zentren können auch auf dem Rücken auftreten und dort schmale, helle Querbarren formen, die mit den Lateralmustern verbunden sind. Wenn vorhanden, sind die Querbarren zahlreich mit einer Variationsbreite von 47 bis 97. Die nachtaktive Schlange ist ein typischer Bewohner trockener wüstenhafter Gebiete. In künstlich bewässerten Landstrichen und in der Nähe von Bächen kann sie vermehrt auftreten. Adulti messen bis zu 152 cm Länge.

VERBREITUNG: Zentral-Texas bis Südost-Arizona, südlich bis San Luis Potosi und Zacatecas in Mexiko, westlich nach Sonora und auf der Santa Catalina Insel im Golf von Kalifornien. Ein breiter Übergangsstreifen besteht mit *holbrooki* im Osten und Norden der Verbreitung, insbesondere in großen Teilen von Kansas und Oklahoma. Im Südosten von Arizona und der nördlichen Sonora kommen Intergrades mit *nigritus* und *californiae* vor.

MERISTISCHE MERKMALE: 23 - 25 Dorsaliareihen; 199 - 237 Ventralia; 40 - 62 Subcaudalia; 7 - 8 obere und 9 - 10 untere

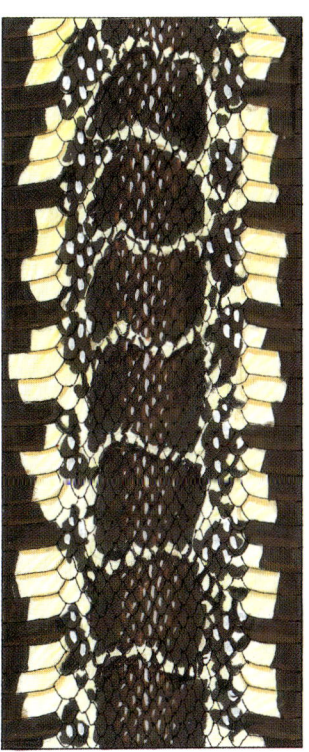

Lampropeltis getulus splendida

Die vielen hellen Zentren der Lateralschuppen sind charakteristisch für L. g. splendida. Foto: J.T. Kellnhauser

Lampropeltis mexicana

Bei typischen splendida *besteht die Dorsalzeichnung aus deutlichen dunklen Flecken, die durch Gelb voneinander getrennt sind. Foto: R.G. Markel*

Mexikanische Königsnatter
Lampropeltis mexicana (GARMAN 1884)

Die Mexikanische Königsnatter, auch als San Luis Potosi-Königsnatter bezeichnet da erstere Bezeichnung *L. alterna* miteinschließt, ist eine mäßig große Art von ungefähr einem Meter Länge. Sie hat einen deutlich vom Hals abgesetzten Kopf und eine gräuliche, gelbliche oder bräunliche Grundfärbung. Die Zeichnung besteht aus weiß gesäumten schwarzen Flecken, Sattelflecken oder Ringen, die ein rotes Zentrum haben können. Alternierend mit diesen Zeichnungselementen können weitere in verkleinerter Form ventrolateral auftreten. Der vordere Schwanzfleck ist ventrolateral vergrößert und sein Rot greift oftmals auf die Subcaudalia über oder überquert diese sogar (im Gegensatz zu *alterna*). Die Kopfoberseite besitzt in der Regel ein dunkles gabelförmiges Zeichen, welches bei *alterna* durch verstreute Punkte und Flecken ersetzt wird. Die Iris des recht großen Auges ist gelblich braun und nicht silbergrau wie bei *alterna*. Die Anzahl der Ventralschuppen variiert zwischen 190 und 212 und ist damit niedriger als bei *alterna*. Die unteren Stacheln des Hemipenis sind eher dreieckig im Querschnitt und nur 0,4 mm lang. Die Art bewohnt Trockengebiete, kommt jedoch nicht in echten Wüsten

Labialia; falls vorhanden, zählen die hellen Querbarren 42 - 97.

KOPFZEICHNUNG: Oberseits schwarz mit hellen Labialia, die breite vertikale Linien aufweisen.

DORSALZEICHNUNG: Dunkelbraun bis schwarz wobei die Flankenschuppen ein dichtes Muster gelber Punkte haben. Dorsalia mit ebenfalls gelben Zentren können verstreut auftreten oder zu schmalen Querbarren zusammenfließen, die oftmals mit der seitlichen Gelbzeichnung verbunden sind.

VENTRALZEICHNUNG: Überwiegend schwarz. Jungtiere: 18 - 23 cm, mit einer Rückenzeichnung aus schwarzen Quadraten, die durch leuchtend gelbe Querbarren voneinander getrennt sind.

GRÖSSE: 91 - 114 cm

Eine durchgezeichnete splendida *ist eine sehr hübsche Schlange; leider sind nicht alle Exemplare so. Foto: R.G. Markel*

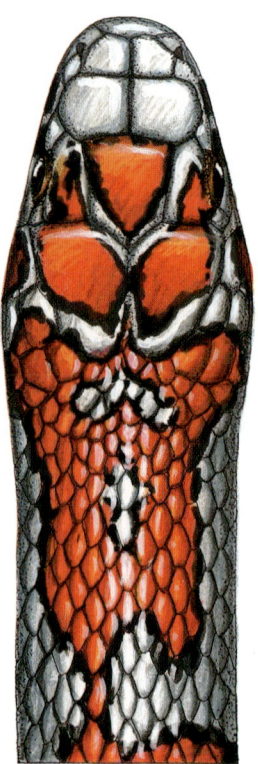 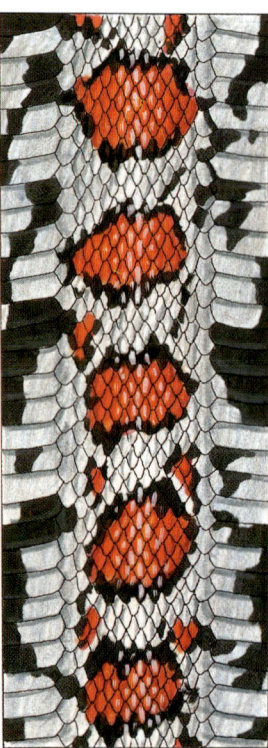

Lampropeltis mexicana, *Mexikanische Königsnatter*

Lampropeltis mexicana

Lampropeltis mexicana "greeri" *Durango-Königsnatter*

Die Breite und Form der Dorsalflecken variiert bei L. mexicana erheblich und hat zu einer ganzen Reihe von Synonymen und taxomischer Verwirrung geführt. Dies ist ein ganz charakteristisches Jungtier von mexicana. *Foto: R.G. Markel*

Nach Meinung vieler sind einige Varietäten der Mexikanischen Königsnatter ebenso farbenprächtig wie die echten Dreifarbigen. Dieser Schlüpfling zeigt eine relativ typische Zeichnung. Foto: R.G. Markel

vor. Sie wird häufig in trockenen Kiefern/Eichenwäldern gefunden und ist nachtaktiv. Die Taxonomie dieser Art ist komplex und nicht endgültig geklärt. Aufgrund der individuellen und möglicherweise geographischen Variabilität in Bezug auf Färbung und Zeichnung existieren etliche Synonyme, von denen einige ihre Verfechter haben. Hier eingeschlossen wurden Taxa wie *leonis* GÜNTHER 1893, *thayeri* LOVERIDGE 1924 und *greeri* WEBB 1961. Von diesen werden die Namen *thayeri* und *greeri* wegen ihrer deutlichen Zeichnung von Terrarianern oft weiterhin verwendet. Die Durango-Königsnatter, *L. mexicana greeri*, neigt zu einer graugelben Grundfärbung mit einem Muster aus etwa 33 schwarzen oder schwarz eingefaßten roten Bändern mit dünnen weißen Rändern. Keines dieser Bänder ist an der breitesten Stelle in der Rückenmitte unterbrochen. Einige weiter hinten liegende Bänder und der Nuchalfleck sind hingegen im roten Teil mit Graugelb aufgebrochen. Dem Kopf fehlt das schwarze Gabelzeichen, jedoch sind Interorbitalstriche vorhanden. Stattdessen ist ein zumeist großer, deutlich dreieckiger Fleck oder ein Y-förmiges Zeichen im Nacken erkennbar. Die Bauchseite ist überwiegend weißlich mit ein paar verstreuten schwarzen Flecken. Ein undeutlicher mitt-ventraler Streifen kann auf Teilen des Bauches sichtbar sein. Durchschnittlich zählt man 202 Ventralia

Lampropeltis mexicana

Die quadratischen dorsalen Sattelflecken einer typischen mexicana (oben) unterscheiden sich deutlich von den reduzierten Flecken bei vielen "greeri", denen das Rot gänzlich fehlen kann. Foto oben von R.G. Markel, darunter von S. Tennyson

Die ungewöhnliche Zeichnung dieser mexicana ähnelt jener Form, die bisweilen als "thayeri" bezeichnet wird. Foto: Alex Kerstitch

Bei dieser merkwürdig gezeichneten Durango-Königsnatter ist die Kopfzeichnung erheblich reduziert und beinahe L. alterna ähnlich. Die einzelnen Zeichnungsspielarten sollten bei der Terrarienzucht so reinerbig wie möglich erhalten bleiben. Foto: R.G. Markel

und 60 Subcaudalia. Adulti messen ungefähr 90 cm. Die dieser Beschreibung entsprechenden Exemplare kommen meistens aus den Bergen von Durango, Mexiko. Die Nuevo Leon-Königsnatter L. mexicana thayeri, auch als Veränderliche Königsnatter bekannt, ist, wie letzterer Name vermuten läßt, sehr variabel. Im selben Wurf können einige schmal gebänderte Jungtiere auftreten, die L. alterna ähneln, wie auch solche mit roten, schwarzen und weißen Ringen, wie die Central Plains- Königsnatter L. triangulum gentilis. Die Variabilität reicht von schwarz eingefaßten roten Flecken bis zu schmalen Ringen auf graugelbem Grund und praktisch quadratischen Sattelflecken. Es gibt auch Tiere, die breite rote Bänder mit schwarzen Rändern und cremefarbenen Einschlüssen in den schwarzen Teilen. Die dorsale Kopfzeichnung ist normalerweise ein schwarz umsäumter, vorne dreilappiger, roter Fleck, der die angrenzenden Teile des Frontale, der Präfrontale, Parietale und der Suboculare bedeckt. Er kann in einzelne Flecken aufgelöst sein, die schwarze Umrahmung kann verschwommen sein oder völlig fehlen, oder der Kopf ist vollständig schwarz. Im Vergleich dazu haben typische mexicana immer einen grauen Kopf und eine dunklere Dorsal- und Postocularzeichnung. Melanistische Exemplare sind nicht selten. Die roten Abschnitte auf dem Körper weiten sich auf den Seiten nur bis auf die erste oder zweite

Lampropeltis mexicana

Die Variable oder Nuevo Leon-Königsnatter ist vielleicht die verwirrendste Form von L. mexicana *denn sie kommt in nahezu jeder denkbaren Zeichnungsspielart einschließlich der typisch dreifarbigen vor. Foto: R.G. Markel*

Schuppenreihe aus, während sie bei typischen *mexicana* die fünfte Reihe erreichen. Adulti werden bis 91 cm lang. Diese Form kommt von den Osthängen des Mexikanischen Plateaus aus der Gegend von Miquihauna in Tamaulipas. Die Validität dieser beiden Formen ist zweifelhaft, und beide stehen nach GARSTKA und anderen Autoren in der Synonymie von mexicana. Zugegebenermaßen ist diese Art zu komplex, um die Variationen zur Zeit wirklich erklären zu können.

Kaum zu glauben; diese völlig verschiedenen Königsnattern sind Geschwister aus einem Gelege von L. mexicana *"thayeri". Foto: R.G. Markel*

VERBREITUNG: Prinzipiell die Berge um den Saladan-Teil der Chihuahua Wüste. Fundorte sind von 25°N in der Sierra Madre Oriental südlich bis 21°N bekannt. Dieses Gebiet beinhaltet Teile der mexikanischen Bundesstaaten Tamaulipas, San Luis Potosi, Coahuila, Nuevo Leon, Guanajuato, Zacatecas und Durango.

MERISTISCHE MERKMALE: 21 - 25 Dorsalschuppenreihen; 190 - 211 Ventralia; 51 - 65 Subcaudalia; 7 Supra- und 8 - 11 Infralabialia; 23 - 46 dunkle Dorsalflecken oder -bänder.

KOPFZEICHNUNG: Variabel, jedoch ist der Nuchalfleck fast immer vorhanden, hat in der Regel ein helles Zentrum und kann in eine zwei- oder dreizinkige Gabel aufgespalten sein. Ein Postocularstreifen ist meistens erkennbar.

DORSALZEICHNUNG: Variabel; besteht üblicherweise aus weiß eingefaßten Sattelflecken oder Flecken, manchmal Ringen, die einen roten oder braunen Innenhof haben; sie zählen etwa 20 bis 40.

VENTRALZEICHNUNG: Dunkel und hell marmoriert; die Sattelflecken oder Ringe können auf die Bauchschilder übergreifen.

JUNGTIERE: Hochgradig variabel, kein Wurf gleicht dem anderen. Die Terrarienbestände umfassen alle Zeichnungsmuster und Farbspielarten.

GRÖSSE: 61 - 91 cm.

REVISIONEN: GEHLBACH (1967), GARSTKA (1982), siehe auch WEBB (1961), GEHLBACH & BAKER (1962), GEHLBACH & McCOY (1965)

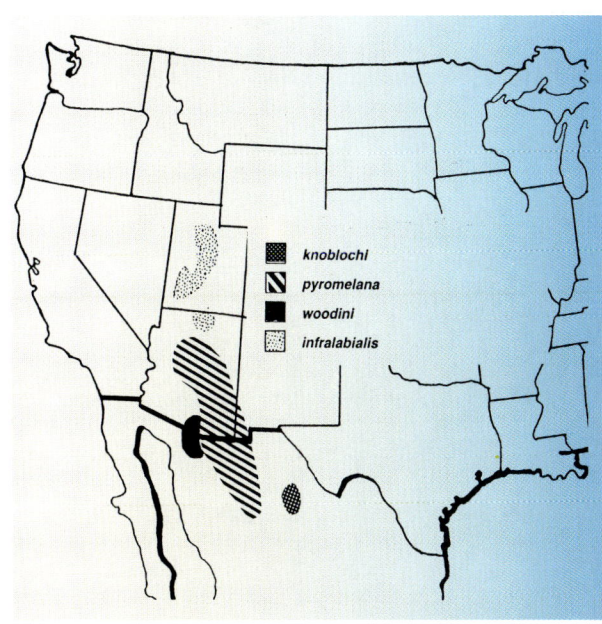

Lampropeltis pyromelana infralabialis

Lampropeltis p. infralabialis, die Utah-Königsnatter. Foto: D. Soderberg

Sonora-Königsnatter

Lampropeltis pyromelana (COPE 1886)

Die Sonora-Königsnatter ist ein Bewohner höherer Lagen von 840 bis 2730 m mit Beständen aus Kiefern, Fichten, Pinien, Wacholder und Zwergeichen. Entlang von Bachläufen macht sie Jagd auf Echsen und kleine Säugetiere. Die beiden letzten Maxillarzähne sind zumeist verlängert und kräftiger als alle anderen. Die dorsale Zeichnung besteht aus schwarz-rot-schwarzen Triaden, die voneinander durch mehr als 40 weiße Ringe getrennt sind. Die Oberseite des Kopfes ist schwarz mit einer ungezeichnet weißen Schnauze.

Die wenig bekannte, mit 76 cm kleine, versteckt lebende Schlange kommt von Utah und dem Osten Nevadas, über Arizona und Südwest-New Mexiko bis ins nördliche Mexiko vor. Vier, eher disjunkt verbreitete Unterarten werden gegenwärtig anerkannt.

REVISIONEN: TANNER (1953)

Utah-Königsnatter

Lampropeltis pyromelana infralabialis TANNER 1953

Die Utah-Königsnatter ist eine mäßig schlanke Natter mit roter, schwarzer und weißer Ringelzeichnung. Im Normalfall sind nur 9 Infralabialia vorhanden, während bei den anderen Unterarten deren meist 10 gezählt werden. Diese Subspezies tendiert dazu, daß mehr als die Hälfte der weißen Ringe über den Bauch geschlossen sind. 42 bis 57 weiße Ringe zieren den Körper und weitere 9 - 12 den Schwanz. Die Schlange wird man selten unterhalb 1650 m antreffen. Sie hält sich bevorzugt am Boden in der Nadelschicht von Kiefern und Fichten in der Nähe von Wasserläufen auf. Die Adultgröße liegt bei 102 cm.

VERBREITUNG: Gebiet des Grand Canyon in Arizona nördlich durch das zentrale Utah ins östliche Nevada.

MERISTISCHE MERKMALE: 21 - 23 Dorsaliareihen; 213 - 230 Ventralia; 59 - 79 Subcaudalia; 7 - 8 Supra- und 9 Infralabialia; 42 - 57 weiße Dorsalringe.

KOPFZEICHNUNG: Schnauze weiß, Rest des Kopfes schwarz; der erste weiße Ring liegt im hintersten Kopfdrittel und umrundet ihn.

DORSALZEICHNUNG: Die Hälfte oder mehr der weißen Ringe sind über den Bauch geschlossen. Die roten Ringe sind die breitesten. Sie sind beiderseits von schwarzen Ringen eingefaßt, welche sich oft vertebral in die roten Bereiche hinein verbreitern und zusammenfließen können. Hingegen verschmälern sie sich lateral und verschwinden manchmal bevor sie an die Ventralia stoßen.

VENTRALZEICHNUNG: Weiße Ringe (aus der Dorsalzeichnung) gelegentlich mit einem dünnen schwarzen Rand. Der Rest des Bauches ist altweiß mit einer Fortsetzung der roten Dorsalringe, die zur Mitte hin zu einem blassen orange werden.

JUNGTIERE: 18 - 20 cm; wie die Adulti.

GRÖSSE: 76 - 91 cm

Lampropeltis pyromelana infralabialis Utah-Königsnatter

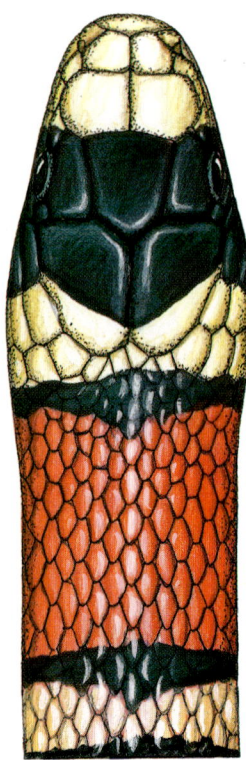
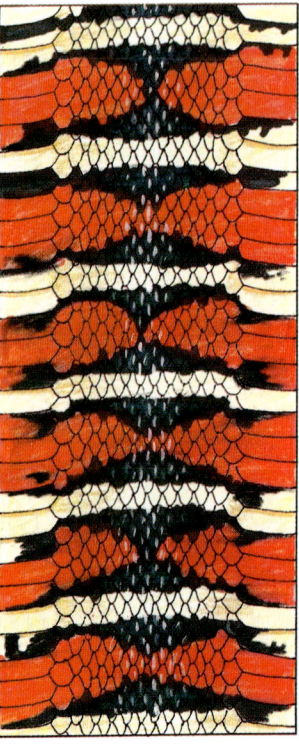

Lampropeltis pyromelana knoblochi

Chihuahua-Königsnatter
Lampropeltis pyromelana knoblochi TAYLOR 1940

Die Chihuahua-Königsnatter ist ebenfalls mäßig schlank und besiedelt den Norden Mexikos. Die weißen Dorsalflecken sind lateral mit einem weißen, gezackten Band verbunden, welches dadurch die reduzierten, roten Sattelflecken völlig einschließt. Eine nachtaktive, versteckt lebende Schlange, über die wenig bekannt ist. Die Adultlänge liegt bei 102 cm.

VERBREITUNG: Gegend von Mojarachic, Chihuahua, Mexiko.

MERISTISCHE MERKMALE: 23 Dorsalschuppenreihen; 254 - 263 Ventralia; 59 - 73 Subcaudalia; 7 - 8 obere und 10 untere Labialia; 70 oder mehr rote Sattelflecken.

KOPFZEICHNUNG: Schnauze weiß, Rest des Kopfes schwarz mit einer Einschnürung zum Auge hin; erster weißer Ring sehr breit und unter dem Auge mit dem Weiß der Schnauze verbunden.

DORSALZEICHNUNG: Die weißen Ringe sind gewöhnlich lateral durch ein gezacktes Lateralband verbunden und reichen nicht bis auf die Ventralschilder. Die roten Sattelflecken werden im Vertebralbereich von den schwarzen Ringen normalerweise nicht unterbrochen.

VENTRALZEICHNUNG: Bauchmusterung variabel; meistens überwiegend schwarz oder weiß mit schmalen schwarzen Binden, die die Fortsetzungen der dorsalen Bänder sind.

JUNGTIERE: Weitgehend wie die Adulti.

GRÖSSE: Bis 91 cm

Wegen ihrer begrenzten Verbreitung in einer selten besammelten Gegend befinden sich nur wenige charakteristische Exemplare der Chihuahua-Königsnatter in den Terrariensammlungen. Foto: R.G. Markel

Lampropeltis pyromelana knoblochi *Chihuahua-Königsnatter*

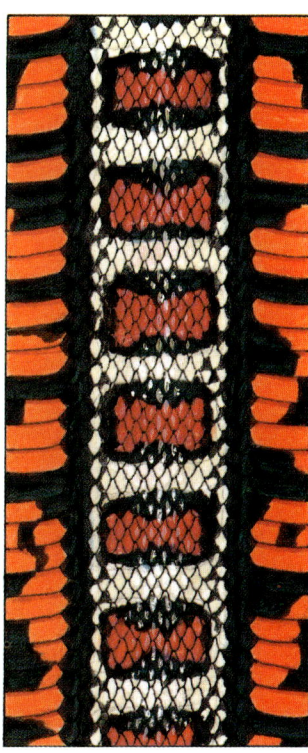

Bei dieser L. p. knoblochi sind die roten Sattelflecken lateral nicht so deutlich von schwarzen Rändern umsäumt wie es für die Unterart eigentlich bezeichnend ist. Foto: R.G. Markel

Lampropeltis pyromelana pyromelana

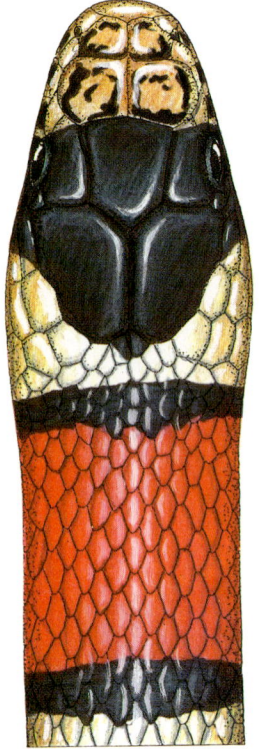
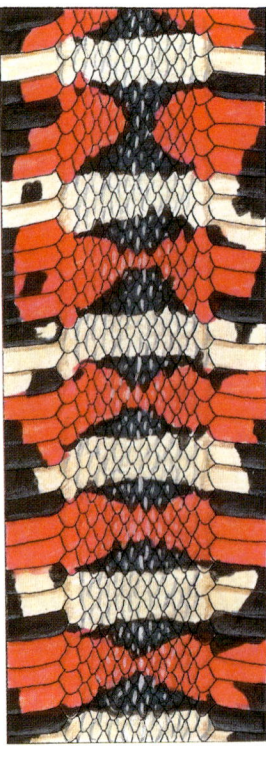

Lampropeltis pyromelana pyromelana *Arizona-Königsnatter*

Arizona-Königsnatter
Lampropeltis pyromelana pyromelana (COPE 1886)

Diese mäßig schlanke Königsnatter besitzt ein Muster aus schwarzen Ringen, die von mehr als 41 schmalen weißen oder braungelben Binden separiert werden. Die schwarzen Bänder rahmen scharlachrote Ringe ein, durchbrechen diese jedoch nur selten, um vertebral zu verschmelzen. Der Kopf ist schwarz mit einer weißen Schnauze. 10 Infralabialia werden gezählt. Es ist dies die am weitesten verbreitete Unterart. Sie besiedelt bewaldete Flächen und hat eine versteckte Lebensweise. Adulti erreichen bis 107 cm Länge.

VERBREITUNG: Chihuahua und Sonora, Mexiko, nordwärts bis Zentral- Arizona, jedoch nicht in den Huachuca Bergen.

MERISTISCHE MERKMALE: 23 Dorsalschuppenreihen; 214 - 228 Ventralia; 61 - 75 Subcaudalia; 7 - 9 Supra- und 10 Infralabialia; 42 - 61 weiße Dorsalringe.

KOPFZEICHNUNG: Schnauze weiß, Rest des Kopfes oberseits schwarz; erster weißer Ring schmal, liegt im letzten Viertel des Kopfes.

DORSALZEICHNUNG: Mehr als 41 weiße Bänder mit dünnen schwarzen Einfassungen, welche vertebral nicht zusammenfließen, dadurch die roten Zwischenräume nicht unterbrechen und die sich auch nicht auf der Ventralseite fortsetzen. Die roten und die weißen Ringe behalten ihre Breite lateral bei.

VENTRALZEICHNUNG: Die weißen Dorsalringe setzen auf dem Bauch fort und werden durch hell orangefarbene Verlängerungen der roten Ringe getrennt. Abgesehen von einigen schwarzen Flecken gibt es kein definierbares Muster.

JUNGTIERE: 18 - 20 cm beim Schlupf; wie die Adulti.

GRÖSSE: 76 - 104 cm

Eine sehr dunkle Arizona-Königsnatter. Die Anzahl der Ringe ist hier bei der Bestimmung der Unterart wichtiger als die Farben.
Foto: R.S. Funk

Bei charakteristischen L. p. pyromelana *greifen die schwarzen Ringe gewöhnlich im Vertebralbereich nicht weit auf die roten über. Man bedenke dabei aber die Bedeutung von "gewöhnlich".*
Foto: L. Porras

Lampropeltis pyromelana woodini

Ein Zählen der Körperbänder würde bei diesem Exemplar zu einem Ergebnis "L. p. pyromelana x L. p. woodini Mischling" führen. Foto: S. Tennyson

Lampropeltis pyromelana woodini *Huachuca-Königsnatter*

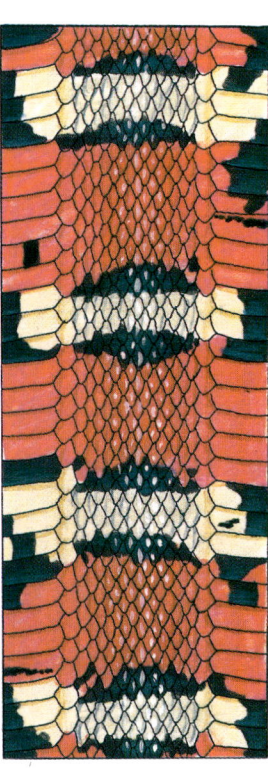

Huachuca-Königsnatter
Lampropeltis pyromelana woodini TANNER 1953

Die Huachuca-Königsnatter hat weniger weiße Ringe als die benachbart vorkommende Arizona Königsnatter, d.h. 37 - 40 gegenüber 42 - 61. Echsen und kleine Nager sind die hauptsächliche Beute dieser bis 112 cm groß werdenden Natter.

VERBREITUNG: Ausschließlich in den Huachuca Mountains von Süd-Arizona und dem angrenzenden Mexiko.

MERISTISCHE MERKMALE: 23 Dorsaliareihen; 221 - 233 Ventralia; 63 - 78 Subcaudalia; 7 - 8 Supra- und 10 Infralabialia; 37 - 40 weiße Dorsalringe.

Ein subspezifisch gezeichnetes Jungtier von L. p. woodini. Foto: R.G. Markel

KOPFZEICHNUNG: Schnauze weiß, Rest des Kopfes schwarz; erster weißer Ring oben schmal, nach unten breiter.

DORSALZEICHNUNG: Weniger als 42 weiße Ringe, die bis auf die Ventralia reichen. Schwarze Ringe sehr schmal und zu den

Die weiße Schnauze dieses Jungtieres der Huachuca-Königsnatter ist eines der Bestimmungsmerkmale von L. pyromelana *und tritt bei allen Unterarten dieser Form auf. Foto: R.G. Markel*

Lampropeltis ruthveni

Diese adulte woodini *sieht einer adulten* pyromelana *äußerst ähnlich, hat aber nur 37 anstatt 40 weiße Bänder auf dem Körper. Foto: Ken Lucas, Steinhart Aquarium*

Ventralia hin auslaufend. Die roten Ringe setzen sich auf der Bauchseite fort.

VENTRALZEICHNUNG: Weiße und blaß rote Ringelzeichnung.
JUNGTIERE: 18 - 20 cm; wie die Adulti.
GRÖSSE: 91 - 107 cm

Ruthvens Königsnatter

Lampropeltis ruthveni BLANCHARD 1920

Ruthvens Königsnatter ist eine problematische Art, die erst kürzlich aus der Synonymie von *Lampropeltis triangulum* revalidiert wurde. Sie wird selten im Terrarium gepflegt und ist schwierig zu definieren. Obwohl sie mit *L. mexicana* verwandt ist, ist sie oberflächlich betrachtet eher der Dreiecksnatter ähnlich. Der Kopf ist wie bei *L. mexicana* deutlich vom Hals abgesetzt, und die schwarzen Ringe sind oft mit einem blaß limonengrünen Saum versehen während die weißen auf den unteren Flanken eine Neigung zu lohbraun zeigen. Die weißen, roten und schwarzen Ringe sind nur jeweils zwei oder drei Schuppen breit, wobei die schwarzen kaum in die roten Zwischenräume eindringen, um sich vertebral zu vereinigen. Die Kopfoberseite ist schwarz, manchmal mit einigen roten oder lohbraunen Auflockerungen. Es sind nur

Lampropeltis ruthveni *Ruthvens Königsnatter*

Lampropeltis ruthveni

Die gleichmäßig schmalen schwarzen und weißen Ringe sowie der breite Kopf mit den roten Flecken sind Hinweise darauf, daß es sich hierbei um eine L. ruthveni handelt. Andererseits können nur die Beschuppungswerte der Unterseite in Zusammenhang mit einem Fundort genaue Auskunft darüber geben, ob diese Vermutung zutrifft. Es ist nicht auszuschließen, daß sich der Status dieser und anderer, L. mexicana nahestehender Taxa in Zukunft erneut ändert. Foto: D. Breidenbach

Ruthvens Königsnatter ist vermutlich die am wenigsten erforschte Königsnatter. Sie wurde erst kürzlich aus der Synonymie von L. triangulum revalidiert, und einige Systematiker zweifeln noch immer an ihrem Artstatus. Der breite Kopf, ein kaum sichtbarer, schwach grüner Saum entlang der dunklen Bänder und die Form der Hemipenes weisen auf eine Verwandtschaft mit L. mexicana hin. Das Foto unten zeigt ein Jungtier und stammt von R.G. Markel.

182 - 196 Ventralia vorhanden, was sie von sympatrisch lebenden Unterarten von *L. triangulum* deutlich unterscheidet. Die Art wird in felsigen, bewaldeten Hochlandbiotopen gefunden. Die Adultgröße liegt bei 84 cm.

VERBREITUNG: Das Mexikanische Plateau in Michoacan, Queretaro und Jalisco. Möglicherweise weiter verbreitet als angenommen.

MERISTISCHE MERKMALE: 23 Dorsalschuppenreihen; 182 - 196 Ventralia; 49 - 57 Subcaudalia; 7 - 8 Supra- und 8 - 9 Infralabialia; 23 - 34 weiße Dorsalringe.

KOPFZEICHNUNG: Oberseite des Kopfes bis zu den Parietalia schwarz mit lohbraunen bis rötlichen Flecken und Schattierungen; von einem weißen Ring auf dem Hinterkopf begrenzt.

DORSALZEICHNUNG: Weiß, rot und schwarz geringelt; die weißen und schwarzen Ringe ungefähr zwei Schuppen breit, die roten

etwa drei. Die schwarze Zeichnung unterbricht die rote nicht, und die weißen Elemente können sich lateral lohbraun verfärben. Spuren eines limonengrünen Saumes entlang der schwarzen Ringe.

VENTRALZEICHNUNG: Die Dorsalringe setzen sich auf der Bauchseite fort, wobei die roten blasser werden und die schwarzen sich teilweise auflösen.

JUNGTIERE: Den Adulti ähnlich.

GRÖSSE: Ungefähr 70 - 80 cm.

REVISIONEN: GARSTKA (1982); siehe auch BLANCHARD (1921)

Lampropeltis triangulum

Lampropeltis triangulum annulata, *eine typische Dreiecksnatter.* Foto: B. Kahl

Dreiecksnatter
Lampropeltis triangulum (LACêPEDE 1788)

Die Dreiecksnatter ist vielleicht eine der variabelsten Schlangen überhaupt, und es ist nahezu unmöglich eine Diagnose zu formulieren, die alle Varietäten einschließt. Die beiden letzten Maxillarzähne sind länger und kräftiger als alle anderen. Die Dorsalzeichnung ist entweder eine Kombination von braunen, grauen und roten Dorsalflecken oder roten, schwarzen und gelben oder weißen Sattelflecken oder Ringen. Die weißen bis gelben Ringe (Annuli) zählen grundsätzlich weniger als 30 und sind gewöhnlich am Ansatz der Ventralia deutlich verbreitert. Der Kopf ist bei adulten Tieren nicht besonders klar vom Hals abgesetzt. Bei der geringelten Form neigen die schwarzen Annuli stark zu einem vertebralen Übergreifen auf die roten. Als Futter werden Wirbeltiere wie auch Wirbellose akzeptieren, wobei kleine Säuger und Reptilien bevorzugt werden. Das Beutespektrum kann bei den einzelnen Unterarten, möglicherweise sogar bei den einzelnen Populationen erheblich unterschiedlich sein. FITCH (1970) stellte fest, daß die Gelegegröße zwischen 5 und 16 Eiern schwankt, mit einem Mittel von 10.

In der älteren Literatur wird die Dreiecksnatter oftmals als *L. doliata* bezeichnet; ein Name, der heute als nicht zuordenbar betrachtet wird. In den Anfängen der Herpetologie herrschte große Verwirrung zwischen der Dreiecksnatter und der Scharlachnatter *Cemophora coccinea*. Letztere hat jedoch ein erheblich zugespitzteres Rostralschild und ist unterseits ungezeichnet weißlich, ohne daß die weißlichen, roten und schwarzen Sattelflecken auf den Bauch übergreifen würden. Der alternative Name Milchschlange beruht auf dem Irrglauben, die Schlangen würden Ställe und Weiden überfallen, um an den Eutern der Kühe Milch zu saugen. Allein die Zahnstruktur und der Aufbau der Kehle machen dies völlig unmöglich.

Lampropeltis triangulum ist eine der am weitesten verbreiteten Schlangenarten mit einem Vorkommen von 48°N bis beinahe 4°S, d.h. einer Entfernung von fast 5800 km! Die nördlichen Fundpunkte liegen dabei im südlichen Ontario und südwestlichen Quebec in Kanada. Sie kommt nahezu überall in den USA östlich und südwestlich der Rocky Mountains vor, besiedelt Mittelamerika und erreicht im Süden Kolumbien, Ecuador und die Cordillera de la Costa in Venezuela. Dreiecksnattern sind hochgradig variabel in Größe, Färbung und Zeichnung. Einige der Unterarten sind unzureichend in den Sammlungen vertreten, und das Wissen um

Lampropeltis triangulum

Die Verbreitung von Lampropeltis triangulum:

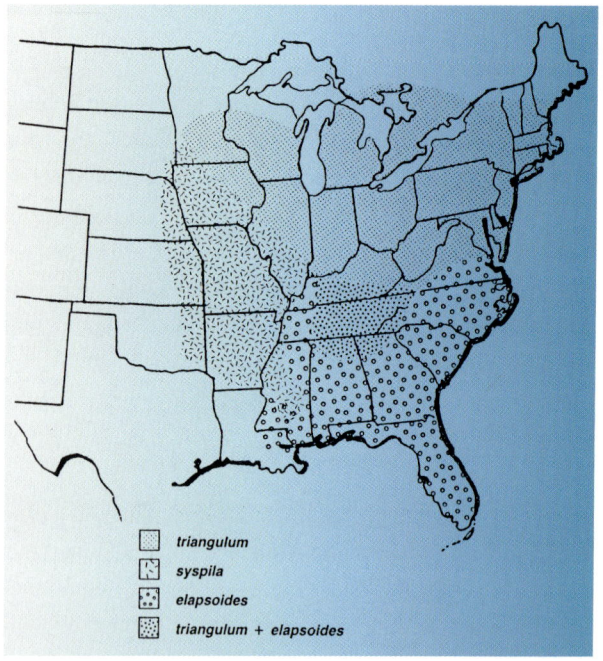
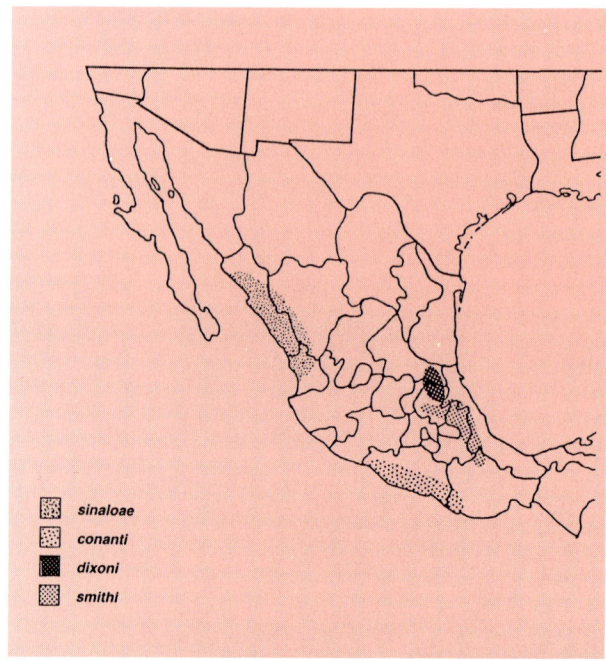

ihre Lebensgewohnheiten ist teilweise dünn bis praktisch nicht vorhanden. Wenn nicht anders angemerkt, basieren die folgenden Informationen auf WILLIAMS (1978). Es muß darauf hingewiesen

werden, daß einige Experten der Auffassung sind, die Art sei viel zu sehr aufgeteilt und daß die lateinamerikanischen Formen einerseits viel zu variabel und andererseits viel zu wenig erforscht seien, als daß man derart viele Unterarten anerkennen könne. Diese Wissenschaftler ziehen es vor, bei Zentralamerikanischen Exemplaren nur von der Art zu sprechen und von einer

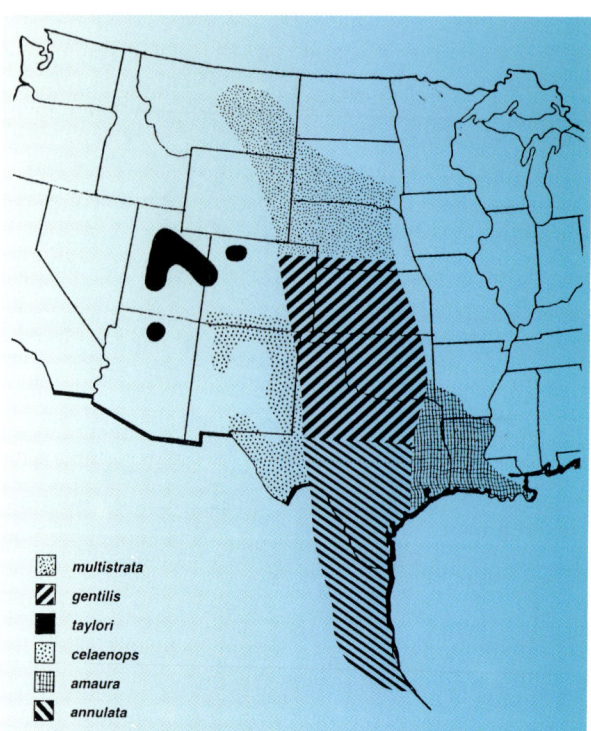
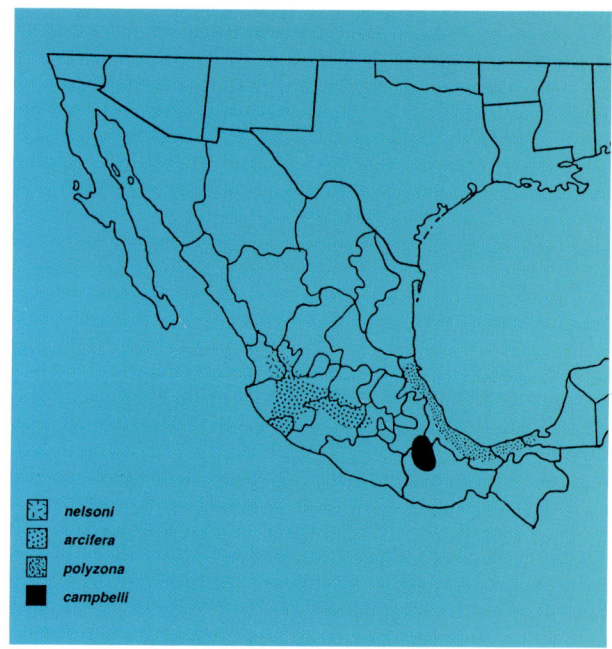

Lampropeltis triangulum abnorma

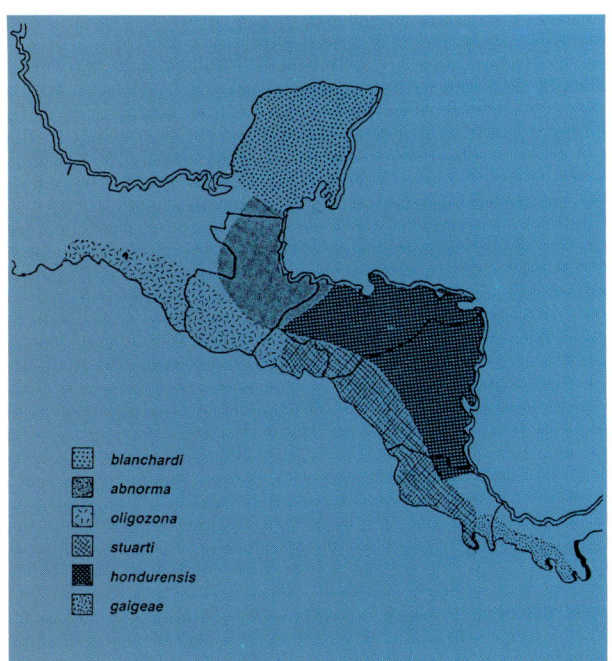

Unterartzuordnung abzusehen. Selbst in den Vereinigten Staaten ist es sehr schwierig, einzelne Tiere einer bestimmten Unterart zuzuordnen. Es wird daher oft angenommen, daß es sich dabei eher um variable Erbanlagen als um tatsächliche Unterarten handelt. Man darf daher nicht immer erwarten, daß sich selbst deutlich gezeichnete Tiere bis auf Unterartniveau bestimmen lassen - die Variabilität ist einfach zu groß. Wenn dann auch noch die Herkunft unbekannt ist, wird eine sichere Identifikation oft unmöglich. Revisionen: WILLIAMS (1978); vgl. auch QUINN (1983)

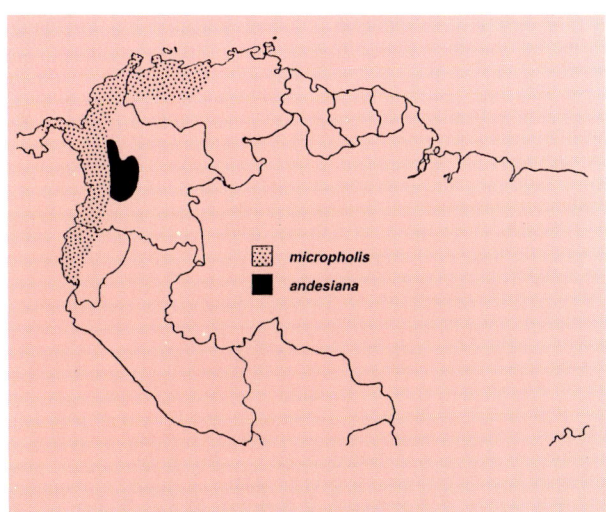

Guatemala-Dreiecksnatter
Lampropeltis triangulum abnorma (BOCOURT 1886)

Die Guatemala-Dreiecksnatter hat ein breites weißes Band auf der Schnauze. Die weißen Körperringe sind weniger als zwei Schuppen breit, und weiße Schuppen haben deutliche schwarze Spitzen. Die roten Ringe werden vertebral von den schwarzen unterbrochen. Diese Schlange ist an eine Reihe verschiedener Habitate angepaßt, kommt aber besonders häufig in dichtbewaldeten Gebieten vor. Die Maximalgröße liegt bei 152 cm.

VERBREITUNG: Nordöstliches Chiapas, insbesondere in der Gegend um die Laguna Ocotal, ostwärts durch die niederen und mittleren Lagen von Zentral- und Nordwest-Guatemala bis ins nordwestliche Honduras.

MERISTISCHE MERKMALE: 21 - 23 Dorsaliareihen; 219 - 234 Ventralia; 50 - 61 Subcaudalia; 7 - 8 Supra-, 8 - 11 Infralabialia; 20 - 31 rote Dorsalringe.

KOPFZEICHNUNG: Schnauze mit einem breiten weißen Band; Rest

Bei dieser juvenilen L. t. abnorma ist das schwarze Pigment noch nicht so dominant wie es später beim adulten Tier sein wird. Auch die weißen Ringe sind noch relativ "sauber". Bei erwachsenen Exemplaren breitet sich das Schwarz auf die roten und weißen Abschnitte aus und trennt das Rot vertebral. Foto: S. Ballard

des Kopfes oberseits schwarz mit dem ersten weißen Dorsalring auf dem Hinterkopf; einige weiße Schuppen mit schwarzer Spitze.

DORSALZEICHNUNG: Die Ringe neigen dazu, den Körper vollständig zu umrunden. Die Anzahl der breiteren roten Ringe schwankt zwischen 20 und 31, im Durchschnitt sind es 25. Die roten Schuppen können schwarze Spitzen haben was bei den weißen immer der Fall ist. Die schwarzen-weiß-schwarzen Triaden sind

Lampropeltis triangulum amaura

Lampropeltis triangulum abnorma *Guatemala-Königsnatter*

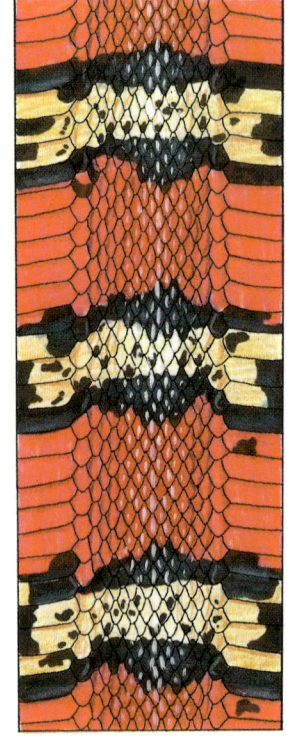

halb so breit wie die roten Ringe.

VENTRALZEICHNUNG: Die schwarzen und roten Ringe der Oberseite setzen sich auf dem Bauch fort; die weißen haben größere schwarze Einschlüsse.

JUNGTIERE: 20 - 25 cm; das Weiß der Zeichnung ist leuchtender.

GRÖSSE: 122 - 152 cm.

Louisiana-Dreiecksnatter

Lampropeltis triangulum amaura (COPE 1861)

Die Louisiana-Dreiecksnatter hat eine überwiegend rote Schnauze, häufig mit schwarzer und weißer Marmorierung. Der Rest des Kopfes ist schwarz. Die 13 - 21 breiten roten Ringe sind oftmals durch Verbreiterungen der schwarzen von den Ventralia getrennt so daß sie sich selten auf die Bauchschuppen fortsetzen. Die hellen Ringe sind weiß bis hellgelb. Die hauptsächlich nachtaktive Schlange bewohnt bewaldete Tieflandregionen und Sümpfe sowie auch Hügelland. Ausgewachsen erreicht sie nur knapp 80 cm.

VERBREITUNG: Südliches Arkansas und südöstliches Oklahoma bis zur Golfküste von Texas und Louisiana. Meristische Merkmale: 21 Dorsaliareihen; 171 - 201 Ventralia; 39 - 55 Subcaudalia; 7 Supra-, 8 - 10 Infralabialia; 13 - 25 rote Dorsalringe.

KOPFZEICHNUNG: Kopf überwiegend schwarz; die rote Schnauze mit roter und weißer Marmorierung.

DORSALZEICHNUNG: 13 - 25 breite rote Ringe, die sich entweder auf die Bauchseite erstrecken oder oberhalb davon wie Sattelflecken enden; schwarz eingefaßt. Die gelben Ringe sind ventrolateral verbreitert.

VENTRALZEICHNUNG: Bauch überwiegend gelblich mit teilweisen Übergriffen der schwarzen und roten Bänder.

DORSALZEICHNUNG. Stellenweise können schwarze Flecken vorhanden sein.

JUNGTIERE: 12 - 15 cm; den Adulti sehr ähnlich, jedoch kann das Gelb oft auch weiß sein.

Dieser ungewöhnlichen Varietät der Louisiana-Dreiecksnatter, Lampropeltis triangulum amaura *fehlt das schwarze Pigment, welches normalerweise die Bänder auf dem Rücken und dem Hinterkopf einfaßt. Dadurch werden die dunklen Abschnitte schokoladenfarben. Mutationen wie diese können häufig weitergezogen und damit für die Terraristik erhalten werden. Foto: W.W. LAMAR*

Lampropeltis triangulum amaura

Bemerkungen zu den Unterarten von triangulum:
Aufgrund der Tatsache, daß die Art *L. triangulum* ungefähr die Hälfte aller für die Gattung beschriebener Taxa enthält, wird oftmals die Frage gestellt, ob die derzeit anerkannten Unterarten "faktisch" sind oder ein völlig unnatürliches Bild zeichnen. Jeder Leser ist sich sicherlich bewußt, daß sich Unterarten generell sehr ähnlich sehen und einander geographisch ersetzen. Ohne genaue Daten über Dorsalringe sowie Ventral- und Subcaudalwerte von einer größeren Anzahl Tiere mit bekannten Fundorten ist es vermutlich unmöglich, die Unterarten der Dreiecksnatter verläßlich zu bestimmen. Oftmals existieren zudem weite Intergradationsareale in den Grenzbereichen der Verbreitungsgebiete, wie z.B. im Falle von *L. t. amaura*, die mit nicht weniger als vier anderen Unterarten Mischlinge von enormer Variabilität produziert.

Unterarten mit weiter Verbreitung wie *annulata*, *elapsoides*, *triangulum* und *syspila* variieren darüberhinaus häufig beträchtlich, ohne daß ein Intergradationsfaktor bestünde. Aus diesem Grunde wurde hier auf den Versuch, einen Unterartschlüssel zu erarbeiten, verzichtet. Es wurde ebenfalls unterlassen, die Formen in einer Reihenfolge vorzustellen, die möglicherweise Verwandtschaftsverhältnisse implizieren könnten. Der Terrarianer muß sich darüber im Klaren sein, daß alle Dreiecksnattern ohne exakte Herkunftsangaben bestenfalls zweifelhaft den einzelnen Unterarten zugeordnet werden können. Dies trifft in besonderem Maße auf Nachzuchttiere zu, die den freilebenden Populationen nicht mehr notwendigerweise entsprechen. Verschiedene Herpetologen haben ihren Zweifeln an der Validität der mittelamerikanischen Unterarten Ausdruck gegeben, die zweifellos verwirrend und bei Vorliegen von nur einigen wenigen Exemplaren meistens unmöglich zu bestimmen sind.

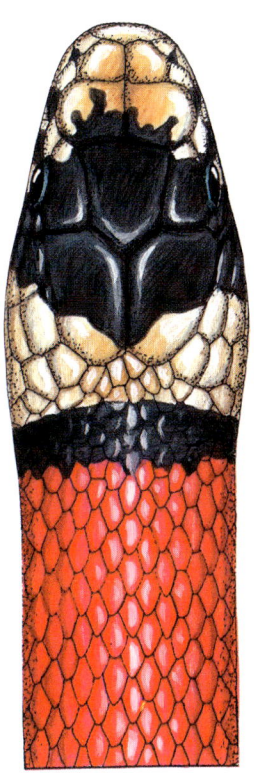

Lampropeltis triangulum amaura *Louisiana-Dreiecksnatter*

Der Rotanteil auf der Schnauze bei der Louisiana-Dreiecksnatter schwankt mit dem Individuum. Obwohl die meisten Tiere rötliche oder überwiegend rötliche Schnauzen haben, verfügen einige nur über einen rötlich braunen Ton oder lediglich über ein paar rote Sprenkel. Da die Unterart in weiten Bereichen Mischpopulationen mit vier anderen Formen bildet, muß man auf eine hohe Variabilität vorbereitet sein. Foto: W.W. Lamar

Lampropeltis triangulum andesiana

Lampropeltis triangulum andesiana Anden-Dreiecksnatter

Die Anden-Dreiecksnatter ist eine der beiden am südlichsten verbreiteten Lampropeltis *und kommt nur in den kolumbianischen Anden vor. Wie die anderen Dreiecksnattern ist auch sie vergleichsweise groß und neigt zu einer dunklen Färbung. Foto: D. Breidenbach*

Anden-Dreiecksnatter
Lampropeltis triangulum andesiana WILLIAMS 1978

Die Anden-Dreiecksnatter hat eine weiße Schnauze wobei die Schuppenränder schwarz sind. Es sind wenigstens 24 rote Ringe vorhanden; schwarze Schuppenspitzen können vorhanden sein oder fehlen. Die Höhennachweise für diese Art erstrecken sich von 220 bis 2700 Metern. Die Adultgröße beträgt bis 142 cm.

Bei diesem Männchen von andesiana *sind die roten ebenso wie die weißen Schuppen deutlich mit schwarzen Spitzen versehen. Es scheint, als ob der Anteil von Schwarz mit dem Individuum schwanken würde. Foto: W.W. LAMAR*

L. t. andesiana. Foto: W.W. Lamar

Lampropeltis triangulum annulata

VERBREITUNG: Kolumbianische Anden. Meristische Merkmale: 19 Dorsaliareihen; 218 - 227 Ventralia; 40 - 47 Subcaudalia; 7 - 8 Supra-, 8 - 9 Infralabialia; 24 - 37 rote Dorsalringe.

KOPFZEICHNUNG: Schnauze weiß mit schmalen schwarzen Schuppenrändern. Kopf überwiegend weiß mit schwarzer Fleckung.

DORSALZEICHNUNG: Die roten Ringe zählen 24 bis 37 mit einem Mittel von 31. Die entsprechenden Schuppen können schwarze Spitzen aufweisen; dies ist bei den weißen Schuppen stets der Fall. Die roten Ringe sind von den schwarzen durchsetzt und haben die gleiche Breite wie die schwarz-weiß-schwarzen Triaden.

VENTRALZEICHNUNG: Alle Ringe setzen sich auf dem Bauch fort wobei die weißen schwarze Einschlüsse haben.

JUNGTIERE: 20 - 25 cm; wie die Adulti.

GRÖSSE: 114 - 137 cm

Mexikanische Dreiecksnatter

Lampropeltis triangulum annulata (KENNICOTT 1861)

Die Mexikanische Dreiecksnatter hat einen schwarzen Kopf und eine schwarze Schnauze. Der erste rote Ring ist ventral schwarz unterbrochen. Den roten und gelben Schuppen fehlen schwarze Spitzen; erstere zählen 14 bis 20. Die Schlange besiedelt halbwüstenartige Landstriche zwischen Meereshöhe und 1200 m. Während der heißen Sommermonate ist sie nachtaktiv. Ausgewachsen erreicht sie lediglich 76 cm Länge.

VERBREITUNG: Extrem südliches Texas südwärts bis ins südliche Tamaulipas und westwärts bis ins mittlere Nuevo Leon sowie ins südliche und östliche Coahuila.

MERISTISCHE MERKMALE: 21 Rückenschuppenreihen; 181 - 207 Ventralia; 42 - 56 Subcaudalia; 7 - 8 obere, 9 untere Labialschilder; 14 - 20 rote Dorsalringe.

KOPFZEICHNUNG: Kopf und Schnauze schwarz. Dorsalzeichnung: Die 14 bis 20 roten Ringe sind etwas breiter als die

Die Mexikanische Dreiecksnatter ist eine der weiter verbreiteten Unterarten und kommt vom südlichen Texas bis ins nordöstliche Mexiko vor. Sie vermischt sich mit gentilis im Norden und ist häufig schwierig mit Sicherheit zu bestimmen. Meistens unterscheidet sie sich durch den überwiegend schwarzen Kopf und die hauptsächlich schwarze Unterseite. Die Farben können relativ matt und unterdrückt erscheinen, andererseits aber auch strahlen. Dies ist eine der häufiger als Wildfang zu erhaltende Dreiecksnatter. Foto: R.G. Markel

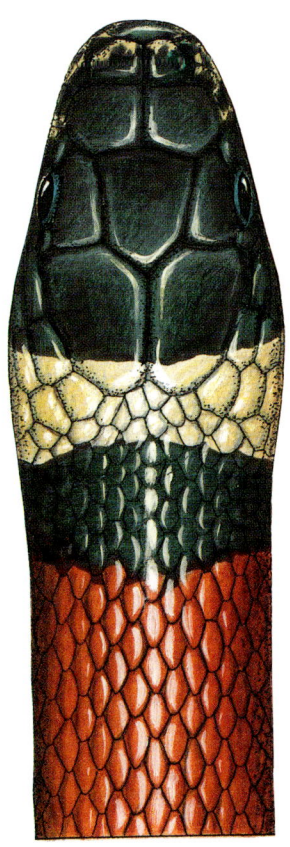

Lampropeltis triangulum annulata *Mexikanische Dreiecksnatter*

Lampropeltis triangulum arcifera

Dieses farbenprächtige Exemplar einer Mexikanischen Königsnatter hat relativ schmale schwarze Ringe, die nicht auf die roten Bänder übergreifen. Man beachte auch den weitgehend schwarzen Kopf. Foto: Ken Lucas, Steinhart Aquarium

schwarz-gelb-schwarzen Triaden und setzen sich nicht auf der Ventralseite fort. Die schwarzen Annuli sind relativ breit und greifen vertebral deutlich auf die roten Ringe über.

VENTRALZEICHNUNG: Bauch weitgehend schwarz mit roten und gelben Einschlüssen. Die gelben Ringe sind geschlossen.

JUNGTIERE: 18 - 20 cm; wie die Adulti.

GRÖSSE: 61 - 76 cm

Jalisco-Dreiecksnatter
Lampropeltis triangulum arcifera (WERNER 1903)

Die Schnauze dieser Form ist schwarz, hat manchmal jedoch weiße Flecken. Der erste schwarze Ring kann die Mundwinkel berühren. Die roten und weißen Schuppen haben keine schwarzen Spitzen. Die Anzahl der Ringe schwankt zwischen 14 und 31. Ein untersuchtes Exemplar hatte sechs junge Mäuse der Gattung Reithrodontomys gefressen. Geeignete Lebensräume sind tro-

Auf den ersten Blick sieht L. t. arcifera wie annulata aus, jedoch ist die Ventralseite überwiegend rot, und es sind mehr rote Bänder vorhanden. Foto: R.S. Funk

Lampropeltis triangulum arcifera

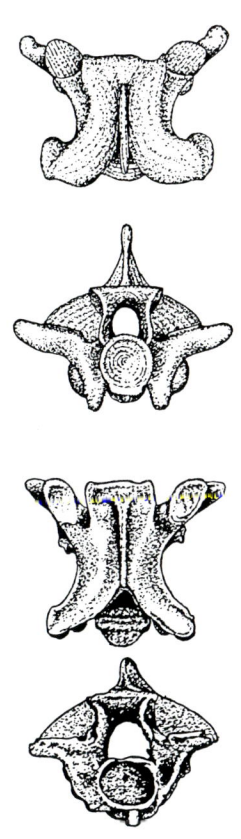

Lampropeltis similis *(untere zwei Zeichnungen)* ist der vermutliche Vorfahr von L. triangulum *und nur von einigen Wirbelkörpern bekannt. Diese Fragmente unterscheiden sich deutlich von* L. getulus *(obere zwei Zeichnungen). Teilweise nach* HOLMAN (1964).

Lampropeltis triangulum arcifera *Jalisco-Dreiecksnatter*

pisches Buschland, Mesquite-Prärien und Kiefern/Eichenwälder in Höhen von 700 bis 3500 Metern. Die Maximallänge liegt bei 107 cm.

VERBREITUNG: Prinzipiell bewohnt diese Unterart die Mexikanische Mesa Central mit Ausnahme des Ostteils. Sie kommt von Morelos südlich bis in den äußersten Norden von Guerrero vor, besiedelt Zentral-Michoacan in der Gegend um den Lago Patzcuaro und ist aus dem südlich-zentralen Jalisco vom Lago Chapala sowie aus den ariden Gebieten im westlichen Queretaro bekannt. Möglicherweise existieren auch Populationen in Südwest-Puebla und West-Hidalgo.

MERISTISCHE MERKMALE: 21 Dorsaliareihen; 192 - 217 Ventralia; 43 - 54 Subcaudalia; 7 - 8 Supra- und ebensoviele Infralabialia; 14 - 31 rote Dorsalringe.

KOPFZEICHNUNG: Schnauze und sonstiger Kopf schwarz, manchmal mit kleinen weißen Flecken auf der Schnauze.

DORSALZEICHNUNG: 14 bis 31 rote Körperringe, durchschnittlich 22. Keine schwarzen Spitzen auf den roten und weißen Schuppen. Die schwarzen und weißen Ringe sind ungefähr von gleicher Breite, und die schwarzen verjüngen sich ventrolaterad nicht.

VENTRALZEICHNUNG: Die roten und weißen Ringe sind bauchseitig mit schwarzen Pigmentierungen durchsetzt.

JUNGTIERE: 20 - 23 cm; wie die Adulti.

GRÖßE: 91 - 107 cm

Lampropeltis triangulum blanchardi

Lampropeltis triangulum blanchardi *Blanchards Dreiecksnatter*

L. t. blanchardi ist die Dreiecksnatter der Yucatan Halbinsel. Bei Exemplaren mit gut ausgebildeten Farben kontrastiert grelles Gelb mit Rot und Schwarz. Dies trifft besonders auf den Nackenbereich zu, wo sich oftmals ein goldgelbes Dreieck bildet. Foto: P.D. Muth

Blanchards Dreiecksnatter
Lampropeltis triangulum blanchardi STUART 1935

Blanchards Dreiecksnatter zeichnet sich durch einen schwarzen Kopf mit schwarzer Schnauze aus. Der erste Ring ist bauchseitig geschlossen und auf den Parietalia häufig mit der Kopffärbung verbunden. Die roten Schuppen sind mit deutlichen schwarzen Spitzen versehen. 14 bis 20 rote Ringe sind vorhanden. Die nachtaktive Schlange bewohnt die Laubwälder von Yucatan und die Regenwälder in Quintana Roo und Campeche in Mexiko. Mit maximal 107 cm ist sie ausgewachsen.

VERBREITUNG: Yucatan Halbinsel, Provinzen Yucatan, östliches Campeche und Quintana Roo, Mexiko.

MERISTISCHE MERKMALE: 21 - 23 Dorsaliareihen; 206 - 224 Ventralia; 47 - 58 Subcaudalia; 7 - 8 obere, 8 - 9 untere Labialia; 14 - 20 rote Dorsalringe.

KOPFZEICHNUNG: Kopf und Schnauze schwarz.

DORSALZEICHNUNG: Die Schuppen der im Mittel 17 roten Ringe haben schwarze Spitzen, die bei den weißen vorhanden sein oder fehlen können. Die roten Ringe sind nicht besonders breit und entsprechen ungefähr der Breite der schwarz-weiß-schwarzen Triaden dazwischen.

VENTRALZEICHNUNG: Die schwarzen Ringe sind ebenso wie die weißen auf der Bauchseite geschlossen. Letztere haben schwarze Einschlüsse.

JUNGTIERE: 20 - 23 cm; wie die Alttiere gezeichnet.

GRÖSSE: 91 - 107 cm

Blanchards Dreiecksnatter ist eine der weniger häufig in Terrarien zu sehenden und in sehr geringen Stückzahlen gezüchteten mittelamerikanischen Dreiecksnattern. Foto: D.P. Muth

Lampropeltis triangulum campbelli

Lampropeltis triangulum campbelli *Puebla-Dreiecksnatter*

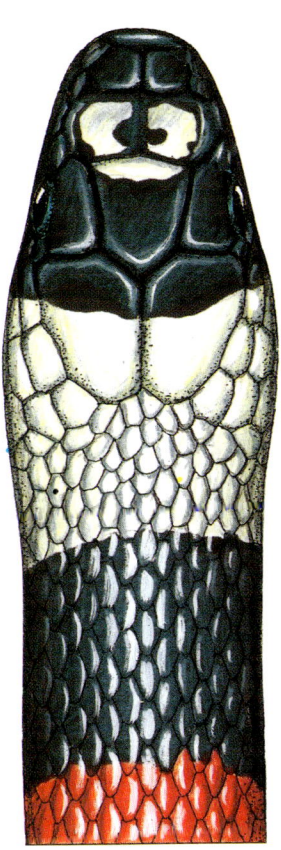

Die breiten weißen Ringe und die weiß gesprenkelte Schnauze sind überaus deutlich. Foto: S. Tennyson

Puebla-Dreiecksnatter
Lampropeltis triangulum campbelli QUINN 1983

Die schwarze Schnauze dieser Unterart hat eine weiße Sprenkelung, die ein auf Teile der Internasalia, der Präfrontalia und des Frontale verbreitetes U-förmiges Zeichen verursacht. Durchschnittlich zählt man 16 rotorange, 32 schwarze und 16 weiße Körperringe sowie 5 schwarze und 5 weiße auf dem Schwanz. Letzterem fehlen die rotorangen Töne. Die weißen Körperringe sind breit; in der Körpermitte jedoch etwas schmaler als direkt hinter dem Kopf. Zirka die Hälfte aller roten Ringe sind unterseits nicht geschlossen. Den weißen Schuppen fehlen schwarze Spitzen. Diese Unterart ist in ariden Gebieten heimisch und bewohnt Höhen von 1500 - 1700 Metern.

VERBREITUNG: Südliches Puebla westlich bis östliches Morelos und südlich bis ins nördliche Oaxaca, Mexiko.

MERISTISCHE MERKMALE: 21 - 23 Dorsalschuppenreihen; 196 - 220 Ventralia; 40 - 49 Subcaudalia; 7 - 8 Supra-, 7 - 9 Infralabialia; 14 - 22 rotorange Körperringe. Kopfzeichnung: Schnauze schwarz,

Lampropeltis triangulum celaenops

Die Puebla-Dreiecksnatter ist eine erst vor kurzem beschriebene Unterart, über die sehr wenig bekannt und die schwer erhältlich ist. Sie wird jedoch bereits in geringer Anzahl nachgezogen. Von allen Mexikanischen und Mittelamerikanischen Unterarten ist sie am einfachsten zu bestimmen, zumindest in ihrer reinen Form. Foto: S. Tennyson

Kopf schwarz mit U-förmiger Zeichnung auf dem Frontale. Erster weißer Ring breiter als die Ringe der Körpermitte.

DORSALZEICHNUNG: 16 rotorange Körperringe; durchschnittlich 5 weiße und 5 schwarze Bänder auf dem Schwanz, keine roten. Weiße Ringe in der Körpermitte breit, jedoch nicht so breit wie der erste Ring hinter dem Kopf; keine schwarzen Schuppenspitzen. Schwarze Ringe breit, in der Körpermitte etwa so breit wie die weißen.

VENTRALZEICHNUNG: Etwa die Hälfte der roten Ringe sind unterseits geschlossen, der Rest ist nur schwarz und weiß gebändert.

JUNGTIERE: 18 - 20 cm; wie die Adulti.

GRÖSSE: 71 - 91 cm

New Mexico-Dreiecksnatter

Lampropeltis triangulum celaenops STEJNEGER 1903

Die New Mexico- oder Big Bend-Dreiecksnatter hat eine schwarz und weiß marmorierte Schnauze; der Rest des Kopfes ist schwarz. Die schwarzen Körperringe sind vertebral verbreitert, verbinden sich jedoch in der Regel nicht in den 17 - 25 roten Abschnitten. Den roten und den weißen Schuppen fehlen schwarze Spitzen. Diese Unterart ist in Grasländern, Pinien/Wacholderbeständen und Eichenwäldern in Höhen bis 2100 m heimisch. Leguane der Gattung *Sceloporus* stellen ihre bevorzugte Beute dar - bis zu sechs Exemplare wurden im Magen einer Schlange gefunden. Die

Lampropeltis triangulum celaenops *New Mexico-Dreiecksnatter*

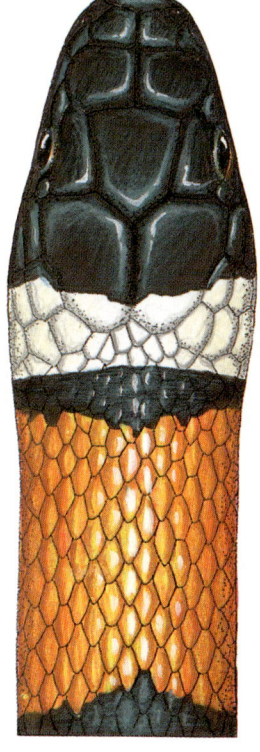

Lampropeltis triangulum celaenops

Die hellen Bänder von L. t. celaenops variieren von weiß bis hellgelb mit lohbraunem Einschlag. Foto: R.G. Markel

Körper. Die gelben Bänder sehen durch eine bräunliche Fleckung schmutzig aus.

VENTRALZEICHNUNG: Weiße Bänder auf dem Bauch verbreitert. Der Bauchmitte fehlt meistens jegliches schwarzes Pigment.

JUNGTIERE: 19 - 28 cm; wie die Adulti, jedoch mit brillanteren Farben.

GRÖSSE: 36 - 61 cm

Adultgröße liegt lediglich bei 61 cm.

VERBREITUNG: Einzugsgebiet des Rio Grande im östlichen New Mexico und südwestlichen Texas.

MERISTISCHE MERKMALE: 21 Rückenschuppenreihen; 179 - 194 Ventralia; 40 - 53 Subcaudalia; 7 - 8 Supra- und 7 - 8 Infralabialia; 17 - 25 rote Dorsalringe.

KOPFZEICHNUNG: Schnauze schwarz, mit oder ohne weiße Marmorierung; Rest des Kopfes schwarz.

DORSALZEICHNUNG: Schwarze Ringe vertebral verbreitert, sie teilen die roten Bänder jedoch nicht. Im Mittel 22 rote Ringe auf dem

Bei Conants Dreiecksnatter sind die Farben oft lebhaft wobei die goldgelben Bänder lateral breit eingefaßt sind. Es ist eine selten zu sehende Dreiecksnatter. Foto: D. Beckwith

Die New Mexico-Dreiecksnatter ist eine der schmuckloseren Unterarten, denn ihre Farben wirken bläßlich. Sie bewohnt trockenere Gebiete Nordamerikas mit extremen klimatischen Gegebenheiten. Foto: R.G. Markel

Lampropeltis triangulum conanti / Lampropeltis triangulum dixoni

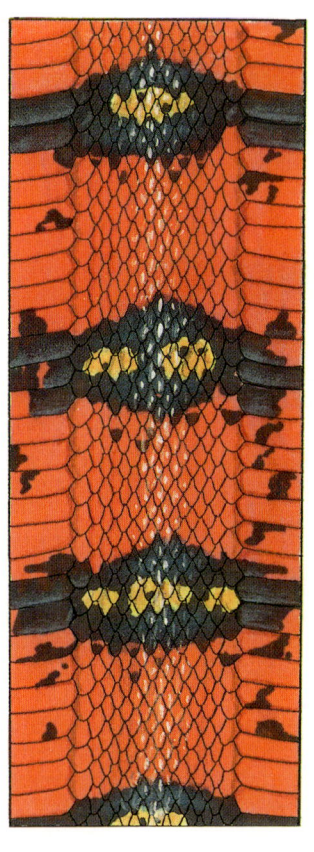

Lampropeltis triangulum conanti *Conants Dreiecksnatter*

Conants Dreiecksnatter
Lampropeltis triangulum conanti WILLIAMS 1978

Der Kopf dieser Form ist von der Schnauzenspitze bis auf die Mitte der Parietalia schwarz. Der erste schwarze Ring beginnt anderthalb bis drei Dorsaliabreiten hinter den Parietalschildern. Er ist über die ersten Ventralia nicht oder nur sehr schmal geschlossen. Die roten Schuppen haben gewöhnlich kleine schwarze Spitzen während die weißen kein Schwarz aufweisen. 11 bis 20 rote Ringe sind die Norm. Diese Unterart bewohnt die tropischen Tiefländer nahe der Küste, kommt aber auch noch in höheren Lagen weiter im Landesinneren vor. In der Gegend von Chilpancingo in Guerrero kommt die Schlange in tiefer gelegenen Kiefern/Eichenwäldern und tropischen Laubwäldern vor. Die Maximallänge liegt bei 117 cm.

VERBREITUNG: Sierra Madre del Sur in Guerrero und Oaxaca, Mexiko.

MERISTISCHE MERKMALE: 21 Dorsaliareihen; 196 - 221 Ventralia; 45 - 57 Subcaudalia; 7 - 8 obere, 7 - 10 untere Labialschilder; 11 - 20 rote Dorsalbänder.

KOPFZEICHNUNG: Schwarz.

DORSALZEICHNUNG: Die Schuppen der durchschnittlich 16 roten Ringe haben kleine schwarze Spitzen, die aber auch fehlen können. Die weißen Schuppen weisen kein schwarz auf. Weiße Ringe schmal; die schwarzen Ringe breiter als die weißen. Die roten Ringe sind ebenso breit wie die schwarz-weiß-schwarzen Triaden.

VENTRALZEICHNUNG: Alle Bänder setzen sich auf dem Bauch fort; die weißen und roten sind mit schwarz durchsetzt.

JUNGTIERE: 20 - 23 cm; wie die Adulti.

GRÖSSE: 102 - 117 cm

Dixons Dreiecksnatter
Lampropeltis triangulum dixoni QUINN 1983

Auch Dixons Dreiecksnatter hat eine schwarze Schnauze wobei die Schwarzfärbung bis in die hintere Hälfte bis oder Viertel der Parietalia reicht. Das erste und die folgenden roten Ringe sind schmal. Schwarz bestimmt die Dorsalfärbung, und die roten und

Lampropeltis triangulum conanti

Dixons Dreiecksnatter hat sowohl auf dem Rücken als auch auf dem Bauch große schwarze Flächen, die häufig die roten Ringe vollständig vertebral teilen. In ihrer reinen Form besiedelt sie nur ein kleines Gebiet. Foto: D. Breidenbach

gelblich weißen Ringe sind sehr schmal mit schwarz bezipfelten Schuppen. Ungefähr 20 rote Ringe lassen sich auf dem Körper und 5 gelbliche Bänder auf dem Schwanz erkennen. Sämtliche rote Bänder sind ventral offen sowie vertebral häufig durch schwarz unterbrochen wodurch sich diese Form von ihren Verwandten unterscheiden läßt. Wenig bekannt.

VERBREITUNG: Bergpässe und Täler im südlichen San Luis Potosi bis in das Jalapan Tal im nordöstlichen Queretaro.

MERISTISCHE MERKMALE: 21 Dorsaliareihen; 189 - 201 Ventralia; 45 - 53 Subcaudalia; 7 - 8 Supra- und 7 - 8 Infralabialia; 20 -22 rote Dorsalringe.

KOPFZEICHNUNG: Kopf und Schnauze schwarz.

DORSALZEICHNUNG: 20 rote Bänder wovon die ersten beiden schmaler als der Rest sind. Die Körperringe sind überwiegend schwarz; Rot und Gelb sind zu Binden reduziert. Die roten Zeichnungselemente werden stark von den schwarzen Bändern durchbrochen und sind vertebral oft deutlich geteilt.

VENTRALZEICHNUNG: Die schwarzen und der größte Teil der weißen Ringe sind rund um den Körper geschlossen. Zumindest auf der Bauchmitte findet sich kein Rot.

JUNGTIERE: 20 - 23 cm; überwiegend schwarz wie die Adulti.

GRÖSSE: 91 - 107 cm

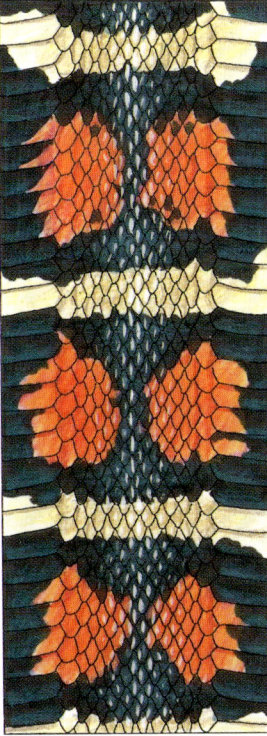

Lampropeltis triangulum dixoni *Dixons Dreiecksnatter*

Eine Scharlach-Dreiecksnatter, L. t. elapsoides. Foto: R.G. Markel

Lampropeltis triangulum elapsoides

Bei Exemplaren der Scharlach-Dreiecksnatter aus dem Norden der Verbreitung sind die gelben Ringe schmaler als bei südlichen Tieren. Letztere haben aber nicht nur breitere gelbe Bänder, sondern die schwarzen Bänder greifen vertebral auch deutlich auf die roten über. Foto: F.J. Dodd jun.

Lampropeltis triangulum elapsoides *Scharlach-Dreiecksnatter*

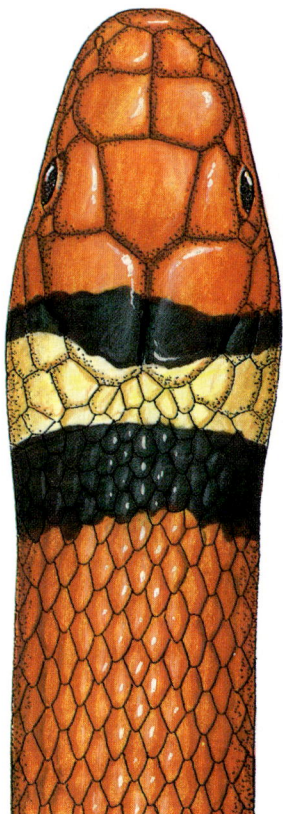 

Scharlach-Dreiecksnatter
Lampropeltis triangulum elapsoides (HOLBROOK 1838)

Die Scharlach-Dreiecksnatter ist eine der am deutlichsten gezeichneten Unterarten von *L. triangulum*. Sie hat einen roten Kopf mit einer schwarzen Linie über die hinteren Teile der Parietalia. Die Körperzeichnung besteht aus Ringen, die gewöhnlich alle auf der Ventralseite geschlossen sind. Die Anzahl der roten Bänder beträgt 12 - 22. Den roten und den weißen Schuppen fehlen schwarze Spitzen. Die mit nur knapp 70 cm ausgewachsene Schlange ist eine ziemlich genaue Imitation der Harlekin-Korallenotter *Micrurus fulvius*, mit welcher sie auch sympatrisch vorkommt. Sie ist überwiegend nachtaktiv und bewohnt Kiefern- und Mischwälder. Ihr Beutespektrum umfaßt Kleinsäuger, Echsen, Schlangen und Regenwürmer. Der genaue systematische Status dieser Form ist immer noch unklar, insbesondere deshalb weil sie mit einer anderen Unterart, d.h. *L. t. triangulum*, sympatrisch im Tal des Tennessee Flusses im östlichen Tennessee, auf dem Cumberland Plateau in Südzentral- und Ost-Kentucky sowie auf den Osthängen der Appalachen in Mason County, North Carolina und im angrenzenden Georgia vorkommt. Wenngleich sie sich hier wie eine gute Art verhält, gibt es andererseits in den Piedmont- und Küstenebenen des Atlantiks

Lampropeltis triangulum elapsoides

Die hier abgebildete Scharlach-Dreiecksnatter entspricht dem durchschnittlichen Aussehen. Man beachte die regelmäßige Breite der Ringe und die grellrote Schnauzenfärbung, die sich deutlich bis hinter die Augen erstreckt.

Intergradationsformen mit *L. t. triangulum*. Diese Mischlinge wurden früher als *temporalis* (COPE 1893) und *virginiana* BLANCHARD 1920 bezeichnet, sind heute aber nicht mehr gültig. Die beiden genannten Unterarten sind eigentlich ziemlich unterschiedlich voneinander wie auch von fast allen anderen Subspezies. Die Scharlach-Königsnatter ist eine kleine Schlange, die sich hauptsächlich von Echsen und Schlangen ernährt, während die östliche Dreiecksnatter Nagetiere bevorzugt. Aufgrund der Unterschiede in Größe und Nahrungsspektrum sowie ebensolcher in Färbung und Schuppenwerten ziehen es einige Systematiker vor, sie als eigene Art aufzufassen und betrachten die Intergradation als durch menschgemachte Lebensraumveränderungen verursacht.

VERBREITUNG: Nördliches Virginia bis Florida, landeinwärts bis Tennessee, Süd-Kentucky und Mississippi.

MERISTISCHE MERKMALE: 17 - 19 Dorsaliareihen; 152 - 194 Ventralia; 32 - 51 Subcaudalia; 7 Supra-, 7 - 10 Infralabialia; 12 - 22 rote Dorsalbänder.

KOPFZEICHNUNG: Kopf rot, meistens mit einer schmalen schwarzen Binde über den hinteren Teil der Parietalia. Dorsalzeichnung: 12 - 22, im Mittel 16 rote Ringe leuchtend oder gedämpft. Im Süden des Verbreitungsgebietes sind die schwarzen Bänder breiter und

Bei dieser jungen L. t. elapsoides *sind die hellen Ringe noch rein weiß. Wie bei den meisten Dreiecksnattern neigen die Bänder mit dem Alter zum Nachdunkeln, so daß bei jungen Tieren insbesondere weiße Farbpartien brillanter erscheinen. Bei älteren Exemplaren kann Weiß zu einem grellen Gelb werden. Foto: R. Anderson*

Lampropeltis triangulum gaigeae

Schwarze Dreiecksnatter
Lampropeltis triangulum gaigeae DUNN 1937

Dieses ist eine melanistische Unterart, bzw. eine, die zu Melanismus tendiert. Bei großen Adulti ist die Zeichnung durch eine schwarze Pigmentierung weitgehend verdeckt. Diese kann bei Jungtieren und kleinen Adulti noch teilweise erkennbar sein. Wenn sichtbar, zählen die roten Ringe 17 bis 22. Vorzugsweise werden Feuchtgebiete und feuchte Wälder in relativ großen Höhenlagen besiedelt, z.B. 1500 - 220 m in Costa Rica und 1300 bis 1950 m in Panama. Es ist eine große Schlange von bis zu 152 cm Länge. Verbreitung: Berggebiete Costa Ricas und Panamas. Meristische Merkmale: 19 Dorsalschuppenreihen; 216 - 236 Ventralia; 42 - 63 Subcaudalia; 7 - 8 obere und 8 - 10 untere Labialia; 17 - 22 rote Dorsalbänder (wenn sichtbar). Kopfzeichnung: Jungtiere z.T. mit

Bei dieser jungen L. t. elapsoides *sind die hellen Ringe noch rein weiß. Wie bei den meisten Dreiecksnattern neigen die Bänder mit dem Alter zum Nachdunkeln, so daß bei jungen Tieren insbesondere weiße Farbpartien brillanter erscheinen. Bei älteren Exemplaren kann Weiß zu einem grellen Gelb werden. Foto: R. Anderson*

können vertebral auf die roten übergreifen. Auch sind dort die weißen oder gelben Ringe breiter.

VENTRALZEICHNUNG: Alle Ringe setzen sich auf der Ventralseite fort wobei sich die weißen Bänder verbreitern und damit breiter als die schwarzen werden.

JUNGTIERE: 36 - 51 cm; wie die Adulti.

GRÖSSE: 36 - 51 cm

Abgesehen von der goldgelb gefärbten Unterhaut, die zwischen den Schuppen hervorschaut, sind adulte L. t. gaigeae einfach nur schwarz. Es wird angenommen, daß die Entwicklung des schwarzen Pigments der Körpertemperaturregulierung dient.
Fotos: S. Tennyson

Lampropeltis triangulum gentilis

Lampropeltis triangulum gaigeae *Schwarze Dreiecksnatter*

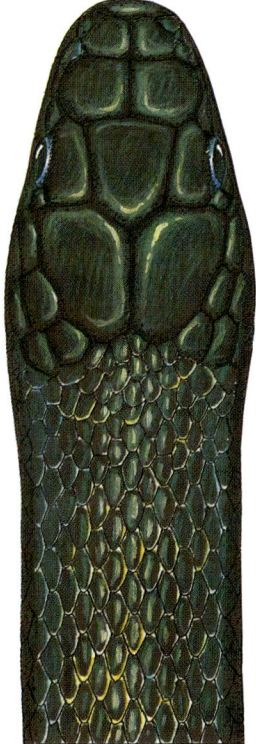

Jungtiere der Schwarzen Dreiecksnatter haben wie andere Dreiecksnattern auch gelbe, rote und schwarze Ringe. Bei Erreichen der Geschlechtsreife hat sich das schwarze Pigment jedoch bereits deutlich vermehrt, und große Tiere zeigen keinerlei Spuren einer Zeichnung mehr. Foto: R.S. Funk

weißer Binde auf der Schnauze, ansonsten schwarz. Dorsalzeichnung: Große Adulti sind einheitlich schwarz. Jungtiere und junge Adulti haben eine rot-schwarz-gelbe Ringelzeichnung. Ventralzeichnung: Adulti sind dunkel grau mit etwas aufgehellter Kehle. Jungtiere: Dies ist die einzige Form, bei der Jungtiere und erwachsene unterschiedliche Zeichnungen haben. Die 23 - 25 cm langen Schlüpflinge haben 17 - 22 rote Körperringe, die von schmalen gelben, schwarz eingefaßten Binden voneinander getrennt sind. Die roten und gelben Schuppen sind gewöhnlich mit leicht bis mäßig schwarzen Spitzen versehen. Die Ringe sind auf dem Bauch geschlossen wobei das Rot von schwarzen Flecken durchsetzt ist. Größe: 137 - 152 cm

In ihrer allgemeinen Erscheinung ähnelt gaigeae *sehr der nördlich angrenzenden Unterart* stuarti. *Die meristischen Werte unterscheiden sich jedoch. Foto: R.S. Funk*

Central Plains-Dreiecksnatter
Lampropeltis triangulum gentilis (BAIRD & GIRARD 1853)

Diese Form hat wiederum eine schwarze Schnauze, die von einem weißen Marmormuster durchzogen ist. Der Rest des Kopfes ist ebenfalls schwarz mit weißen Flecken zwischen den Augen. Die roten Bänder sind vertebral mit schwarz eingeschnürt, einige können auch vollständig geteilt sein. 20 bis 32 rote Ringe finden sich auf dem Körper; insgesamt sind es 26 bis 38. Die hellen Abschnitte sind meist gelblich. Bewohnte Biotope sind Prärien sowie Kiefern- und Laubwälder. Die Maximallänge liegt bei 91 cm.

VERBREITUNG: Westliche Hälfte von Oklahoma, östliches Colorado, der Texas Panhandle, südliche Zentral- und südwestliches Nebraska sowie Zentral- und West-Kansas.

Lampropeltis triangulum gentilis

Lampropeltis triangulum gentilis *Central Plains-Dreiecksnatter*

Links unten: Eine schwarze Schnauze mit deutlicher weißer Marmorzeichnung und meistens blasse Farben kennzeichnen gewöhnlich die Central Plains- Dreiecksnatter. Foto: R.G. Markel

MERISTISCHE MERKMALE: 21 Dorsalschuppenreihen; 181 - 209 Ventralia; 40 - 51 Subcaudalia; 7 - 8 Supra-, 8 - 10 Infralabialia; 20 - 32 rote Dorsalbänder.

KOPFZEICHNUNG: Schnauze schwarz, mit Weiß bis Schwefelgelb marmoriert; Rest des Kopfes schwarz mit Ausnahme von einigen weißen Flecken zwischen den Augen.

DORSALZEICHNUNG: 25 - 40 gelbliche Ringe. Die gelben und schwarzen Ringe sind oder sind nicht auf der Bauchmitte oder vertebral unterbrochen. Die roten Bänder sind oft durch schwarze Verbreiterungen eingeschnürt oder, insbesondere vertebral oder im hinteren Körperdrittel, geteilt. 20 - 32 rote Körperbänder sind normal.

VENTRALZEICHNUNG: Die roten Ringe sind auf der Bauchmitte durch schwarze Einschlüsse unterbrochen während die schwarzen und gelben vollständig sind.

JUNGTIERE: 15 - 20 cm; wie die Adulti, jedoch sind die hellen Ringe häufig leuchtend weiß.

GRÖSSE: 76 - 91 cm

Lampropeltis triangulum hondurensis Honduras-Dreiecksnatter

Rechts unten: Die typische Form der Honduras-Dreiecksnatter ist prächtig gefärbt, unterscheidet sich aber ansonsten kaum von anderen mittelamerikanischen Dreiecksnattern. Die weißen und roten Schuppen haben kleine schwarze Spitzen, und das gelbe Schnauzenband ist breit. Foto: R.S. Funk

Honduras-Dreiecksnatter

Lampropeltis triangulum hondurensis WILLIAMS 1978

Die Honduras-Dreiecksnatter zeichnet sich durch ein breites gelbliches Band auf der Schnauze aus, welches sich bis auf die hintere Kante der Internasalia ausdehnt und den größten Teil der Präfrontalia vereinnahmt. Der Rest des Kopfes ist bis auf das hintere Viertel der Parietalia schwarz. Die rotorangen Schuppen haben keine oder nur sehr schwache schwarze Spitzen. 14 - 26 rote Bänder lassen sich zählen. Diese Schlange besiedelt niedrige bis mittlere Lagen und wird zwischen 12 und 120 Metern Höhe angetroffen. Die Adultlänge beträgt bis 122 cm.

VERBREITUNG: Karibische Hänge von Honduras mit Ausnahme des Nordwestens, Nicaragua und vermutlich das nordöstliche Costa Rica.

MERISTISCHE MERKMALE: 21 - 23 Dorsalschuppenreihen; 216 - 221 Ventralia; 49 - 61 Subcaudalia; 7 - 8 obere und 8 - 10 untere Labialia; 13 - 26 rote Dorsalbänder.

KOPFZEICHNUNG: Schnauze mit einem breiten gelblichen Band; Rest des Kopfes schwarz. Dorsalzeichnung: 13 - 26, im Durchschnitt 17

Lampropeltis triangulum hondurensis

Drei Varietäten der Honduras-Dreiecksnatter L. t. hondurensis. Die typische Form (unten rechts) hat grelle gelbe Ringe in starkem Kontrast zum leuchtenden Rot. Bei einigen Exemplaren ist das Gelb durch Rot überlagert, was zu einem leuchtenden Orange führt, welches immer noch von den roten Abschnitte zu unterscheiden ist (unten links). Hingegen haben bei der Varietät "Tangerine" die roten und die gelben Bänder den gleichen Farbton und sind praktisch identisch. Bei einigen Tieren der Tangerine-Morphe ist selbst das Schwarz reduziert.
Fotos: S. Kochetov (rechts), R.S. Funk (unten rechts) und Guido Dingerkus (unten links)

Lampropeltis triangulum micropholis

rote Körperbänder. Den roten Schuppen fehlen schwarze Spitzen oder sie haben nur sehr kleine. Einzelne Tiere haben keine gelben Ringe und sind allgemein sehr dunkel oder leuchtend mandarinenfarben. Allenfalls sind die gelben Ringe sehr schmal; die Schuppen haben schwarze Spitzen. Die roten Bänder sind doppelt so breit wie die schwarz-gelb-schwarzen Triaden.

VENTRALZEICHNUNG: Die schwarzen, gelben und roten Ringe sind ventral geschlossen.

JUNGTIERE: 20 - 25 cm beim Schlupf; wie die Adulti.

GRÖSSE: 102 - 122 cm

Ecuador-Dreiecksnatter
Lampropeltis triangulum micropholis (COPE 1861)

Diese sehr große Unterart hat eine helle Schnauze mit relativ schmalen schwarzen Abschnitten davor und dahinter. Die oberen Lippenschilder sind gewöhnlich weiß mit schwarzen Hinterkanten. Der Rest vom Kopf ist bis auf die Mitte oder das letzte Drittel der Parietalia schwarz. Die roten Schuppen sind ungezeichnet oder haben schwarze Spitzen, hingegen sind die weißen bis gelben Schuppen mit deutlichen schwarzen Spitzen versehen. Auf dem Körper befinden sich 10 bis 18 rote Ringe. Die Ecuador-Dreiecksnatter besiedelt die Küstenebenen, Vorgebirge und niedrigere Bergzüge der Anden während höhere Lagen gemieden werden. Mit einer Maximallänge von 183 cm ist dies die größte Unterart.

VERBREITUNG: Von der Kanalzone und dem Osten Panamas südwärts bis ins südliche Zentral-Ecuador mit Ausnahme der hohen

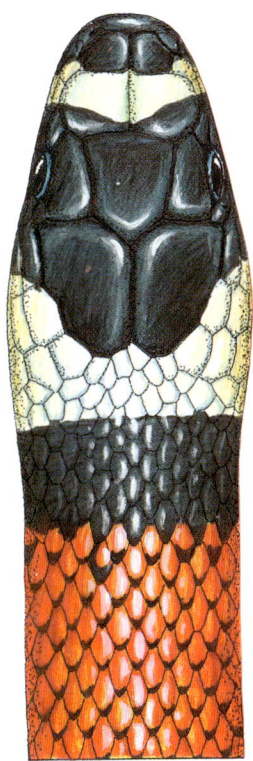
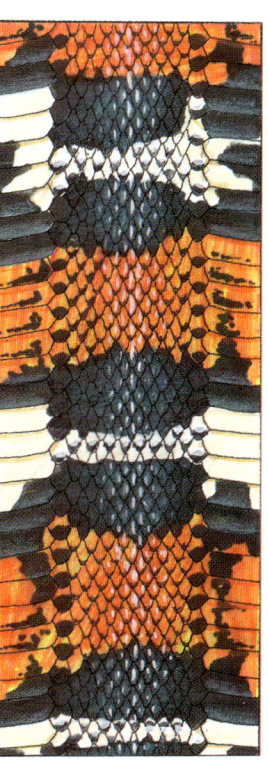

Lampropeltis triangulum micropholis Ecuador-Dreiecksnatter

Lagen der Anden. Östlich bis ins Tal des Rio Magdalena in Kolumbien und weiter bis in die venezuelanische Küstenkordillere.

MERISTISCHE MERKMALE: 21 Dorsaliareihen; 209 - 229 Ventralia; 39 - 51 Subcaudalia; 7 - 8 Supra-, 8 - 10 Infralabialia; 10 - 18 rote Körperbänder.

Obwohl der Anden-Dreiecksnatter auf den ersten Blick sehr ähnlich, unterscheidet sich die Ecuador-Dreiecksnatter dadurch, daß die gelben Kopfschuppen nicht schwarz eingefaßt sind und die Anzahl der roten Ringe niedriger ist. Es ist eine Schlange des Tieflands während L. t. andesiana *die höheren Lagen bewohnt. Foto der kolumbianischen Form: S. Ballard*

Lampropeltis triangulum multistrata

KOPFZEICHNUNG: Schnauze weißlich mit schwarzen Abgrenzungen davor und dahinter.

DORSALZEICHNUNG: Rote Körperringe breit, 10 - 18, im Durchschnitt 14. Rote Schuppen ohne oder mit unbedeutend schwarzen Spitzen. Weiße bis gelbliche Ringe breit, beinahe so breit wie die roten, jedoch mit deutlich schwarzen Spitzen.

VENTRALZEICHNUNG: Die roten Ringe sind auf dem Bauch geschlossen, haben jedoch schwarze Einschlüsse. Die schwarzen Ringe setzen sich ununterbrochen fort während die weißen durch schwarz unterbrochen werden. Die schwarzen Ringe können sich in schmalen weißen Binden über den Bauch fortsetzen.

JUNGTIERE: 25 - 30 cm; wie die Adulti.

GRÖSSE: 152 - 183 cm

Vielstreifen-Dreiecksnatter
Lampropeltis triangulum multistrata (KENNICOTT 1861)

Diese helle Unterart besitzt eine orangefarbene Schnauze mit schwarzen Flecken. Der Kopf ist ansonsten bis auf die Parietalia, die Hinterkante der Frontalia und die Supralabialia reichend schwarz. Der erste schwarze Ring ist unvollständig und überquert den Bauch nicht. Die weiteren schwarzen Bänder sind schmal. Die roten Ringe sind hierbei eher orangefarben und schmal; sie reichen nicht bis an die Bauchseite heran und sind nicht auf dem Bauch fortgesetzt. Diese 22 - 32 orangen Zeichnungselemente sind oft nur als Flecken oder Sattelflecken ausgebildet. Auf dem Bauch finden sich verstreute schwarze Flecken. Die Unterart bewohnt die Hochebenen von Nebraska, South Dakota, Wyoming und Montana; die Maximallänge liegt bei 76 cm. FROST & COLLINS (1988: Herp. Rev., 19 [4]) verdeutlichten, daß die korrekte Schreibweise dieses Taxons *multistriata* lauten müßte. Es ist jedoch noch nicht klar ob dieser Vorschlag Zustimmung findet oder angefochten wird.

VERBREITUNG: Zentrales und nördliches Nebraska nördlich bis ins südwestliche North Dakota und westlich bis Zentral-Wyoming und Südost-Montana.

MERISTISCHE MERKMALE: 21 Dorsaliareihen; 186 - 204 Ventralia; 42 - 55 Subcaudalia; 7 - 8 Supra- und 8 - 10 Infralabialia; 22 - 32 orangefarbene dorsale Ringe.

KOPFZEICHNUNG: Schnauze hell orange mit vereinzelten schwarzen Flecken; Kopf ansonsten schwarz.

DORSALZEICHNUNG: Orange Ringe ventrolateral unvollständig, oft zu Sattel- oder anderen Flecken reduziert; 22 - 32. Helle Ringe gelblich und vollständig. Schwarze Ringe reduziert.

VENTRALZEICHNUNG: Bauch ungezeichnet oder mit wenigen schwarzen Flecken.

JUNGTIERE: 15 - 20 cm; wie die Adulti.

GRÖSSE: 61 - 76 cm

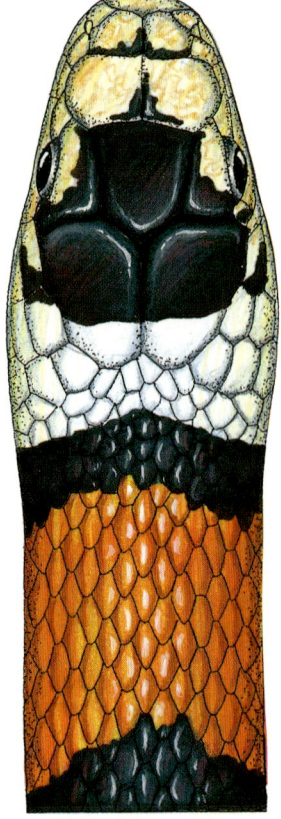
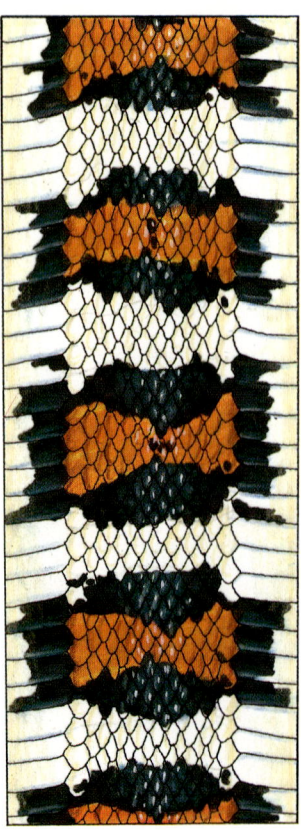

Lampropeltis triangulum multistrata *Vielstreifen-Dreiecksnatter*

Lampropeltis triangulum nelsoni

Die Vielstreifen-Dreiecksnatter ist eine helle Form, bei der die roten Farbtöne zu einem grellen Orange und die schwarzen in ihrer Ausdehnung reduziert sind. Oft liegen die roten Bänder nur als Sattelflecken vor und reichen nicht bis auf die Ventralseite. Foto: S. Breidenbach

Eine weibliche L. t. nelsoni bei der Eiablage. Der systematische Status dieser Unterart ist unsicher, da sie in ihrer typischen Form nur in einem sehr kleinen Gebiet vorkommt und ansonsten in weiten Gebieten offensichtliche Mischlinge mit anderen Unterarten produziert. Foto: D. Soderberg

Nelsons Dreiecksnatter
Lampropeltis triangulum nelsoni BLANCHARD 1920

Nelsons Dreiecksnatter verfügt über eine weiße Schnauze mit verstreuten schwarzen Pigmenteinschlüssen, die bis zur Mitte der Präfrontalia reichen. Der Rest des Kopfes ist schwarz. Der erste schwarze Ring liegt gewöhnlich mehr als eine Dorsaliabreite hinter dem Mundwinkel und ist normalerweise auf der Kehle offen oder nur schmal geschlossen. Den roten und den weißen Schuppen fehlen schwarze Spitzen; die roten zählen 13 bis 18. Über den Lebensraum dieser Unterart ist wenig bekannt. Einer der Fundorte, die Insel Tres Marias, ist von tropischem Laubwald bewachsen, in dem die Masse der Population lebt. Andererseits kommt die Schlange in den Küstengebieten von Jalisco und Colima mit erheblich regenärmerem Klima vor. Die Festlandpopulationen bewohnen den nordwestlichen Teil der Sierra Madre del Sur und tiefere Lagen am Westrand der Mesa Central. Adulti messen bis 107 cm Länge.

VERBREITUNG: Südliches Guanajuato westwärts durch das mittlere Jalisco (ausgenommen höhere Lagen) bis an die Pazifikküste, dann südwärts durch die Küstengebiete von Colima bis auf den schmalen Küstenstreifen des nordwestlichen Michoacan sowie auf der Insel Tres Marias. Der Status einiger Populationen ist unsicher, da diese Mischformen mit anderen Unterarten darstellen könnten.

MERISTISCHE MERKMALE: 21 - 23 Dorsalschuppenreihen; 204 - 231 Ventralia; 42 - 51 Subcaudalia; 7 - 8 Supra-, 9 - 10 Infralabialia; 13 - 18 rote Dorsalringe.

KOPFZEICHNUNG: Schnauze weiß; kleinere Stellen mit schwarzem Pigment möglich; Rest des Kopfes schwarz.

DORSALZEICHNUNG: 13 bis 18 rote Körperringe, im Mittel 16; die Schuppen ohne schwarze Spitzen. Schuppen der weißen Ringe ebenfalls ohne schwarze Spitzen; die Ringe ebenso breit wie die schwarzen. Rote Bänder doppelt so breit wie die schwarz-weiß-

Lampropeltis triangulum nelsoni

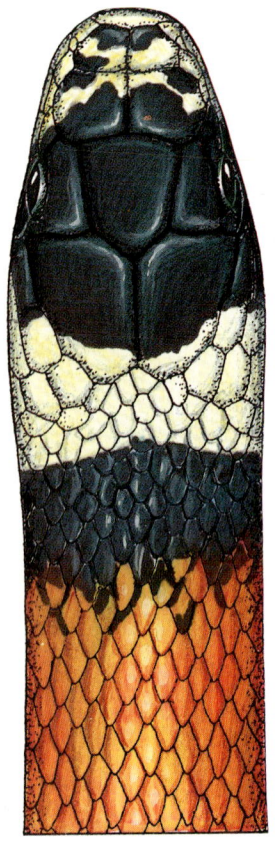

Lampropeltis triangulum nelsoni *Nelsons Dreiecksnatter*

schwarzen Triaden. Alle Ringe vollständig; das Schwarz dringt nicht in die roten Bereiche ein.

VENTRALZEICHNUNG: Vollständig rot-weiß-schwarz geringelt.
JUNGTIERE: 20 - 25 cm; wie die Adulti, das Weiß jedoch reiner.
GRÖSSE: 91 - 107 cm

Hinsichtlich der Farbzeichnung und der meristischen Werte stimmt L. t. nelsoni mit L. t. sinaloae überein, mit welcher sie im Norden ihrer Verbreitung intergradiert. Der Unterschied liegt darin, daß die roten Ringe durchschnittlich nur doppelt so breit wie die schwarz- weiß-schwarzen Triaden sind. Diese sind dreimal so breit bei L. t. sinaloae. Foto: D. Soderberg

Lampropeltis triangulum oligozona *Pazifik-Dreiecksnatter*

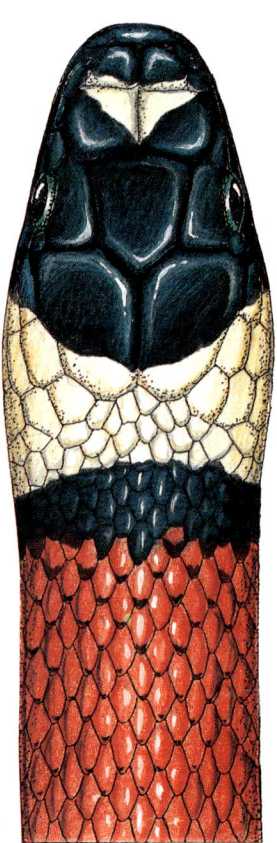
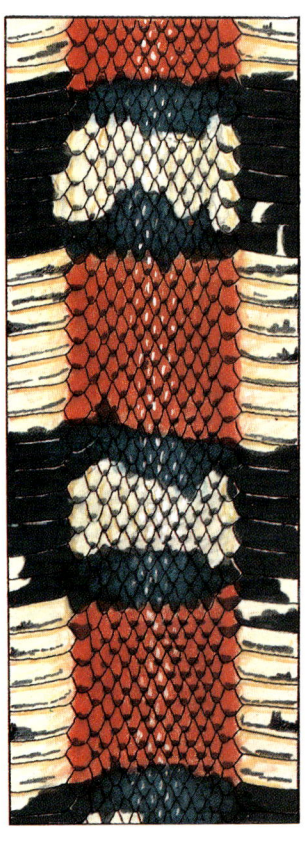

Pazifik-Dreiecksnatter
Lampropeltis triangulum oligozona (BOCOURT 1886)

L. t. oligozona ist eine weitere, bis zum hinteren Viertel oder Fünftel der Parietalia schwarzköpfige Form. Der erste schwarze Körperring liegt eine halbe bis drei Dorsaliabreiten hinter den Parietalia, ist unterseits geschlossen und erstreckt sich gewöhnlich auch auf zwei Gulariareihen. Die Schuppen der roten und weißen Ringe weisen deutliche schwarze Spitzen auf; die weißen Schuppen sind manchmal schwarz belegt. 10 bis 16 rote Ringe. Die Unterart wird in den Küstenebenen und angrenzenden Hügeln bis 500 m ü.d.M. Sie folgt jedoch Flußläufen und kann somit auch in höhere Lagen vordringen. Adulti können bis 107 cm Länge erreichen.

VERBREITUNG: Pazifikhänge von der Stadt Tehuantepec in Oaxaca ost- und südwärts entlang der Küste und durch die begleitende Hügelkette von Chiapas, Mexiko, und Guatemala.

MERISTISCHE MERKMALE: 21 - 23 Dorsaliareihen; 221 - 234 Ventralia; 52 - 61 Subcaudalia; 6 - 7 Supra-, 8 - 10 Infralabialia; 10 - 16 rote Dorsalringe.

Die Identifikation von L. t. oligozona ist für den Terrarianer schwierig bis unmöglich. Wie wenigstens sechs oder sieben andere mexikanische und mittelamerikanische Unterarten unterscheidet sie sich lediglich durch geringfügige Einzelheiten in der Zeichnung und den durchschnittlichen Beschuppungswerten. Der deutliche gelbe Keil auf der Schnauze, die schwarz bespitzten roten und gelben Schuppen und eine Neigung zur Reduktion oder verwaschene weiße Ringe können bei der Bestimmung hilfreich sein. Foto: W.W. Lamar

KOPFZEICHNUNG: Schnauze und Kopf schwarz. Dorsalzeichnung: 10 bis 16 rote Bänder; rote und weiße Schuppen mit deutlichen schwarzen Spitzen. Weiße Ringe sehr schmal, manchmal durch übergreifendes Schwarz verdeckt. Die schwarzen Ringe teilen die weißen oftmals ventrolateral.

VENTRALZEICHNUNG: Die roten Dorsalbänder reichen nicht bis auf die Bauchseite sondern werden durch weiße ersetzt. Die schwarzen Ringe sind auf dem Bauch geschlossen und ersetzen auch die weißen.

JUNGTIERE: 20 - 25 cm; wie die Adulti.

GRÖßE: 91 - 107 cm

Atlantik-Dreiecksnatter
Lampropeltis triangulum polyzona (COPE 1861)

Diese Untarart verfügt über ein schmales helles Band am Zusammenstoß der Präfrontalia und Internasalia; der Rest des Kopfes ist schwarz. Das erste schwarze Band beginnt auf den Parietalia oder nicht mehr als eine halbe Dorsaliabreite dahinter. Meistens sind ein oder mehrere schwarze Flecken in den roten Ventralbändern eingeschlossen, jedoch werden die Ringe selten

Lampropeltis triangulum polyzona *Atlantik-Dreiecksnatter*

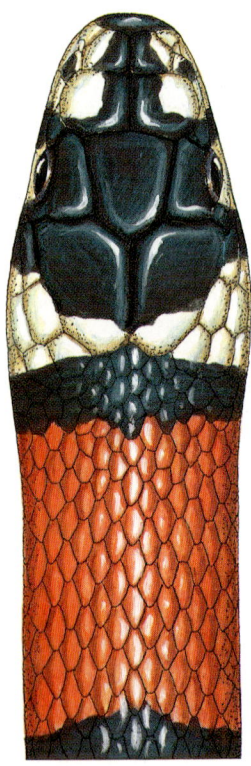

Erneut haben wir es mit einer fast unbestimmbaren Unterart mit wenigen bis keinen offensichtlichen Identifikationsmerkmalen zu tun. Die Schnauze zeigt ein gelbes Band, das unterbrochen sein kann, und die roten und gelben Schuppen haben schwarze Spitzen - so wie einige andere Unterarten auch. Foto: D. Soderberg

geteilt. Die roten Ringe zählen 16 bis 22. *L. t. polyzona* lebt in den tropischen Regenwäldern entlang der Golfküste von San Luis Potosi, Veracruz und Jalisco in Mexiko, wurde aber auch schon in 1800 m Höhe am Vulkan San Martin in Veracruz gefunden. Die Adultgröße liegt bei 152 cm.

VERBREITUNG: Küstenebenen und Vorgebirge von Veracruz, entlang von Flußläufen bis in den Osten von San Luis Potosi, südwärts bis in die Isthmusgegend wo sich die Verbreitung ausweitet und weiter ostwärts bis hinein nach Tabasco.

MERISTISCHE MERKAMLE: 21 - 23 Dorsaliareihen; 202 - 235 Ventralia; 50 - 62 Subcaudalia; 7 - 8 Supra-, 8 - 9 Infralabilaia; 16 - 22 rote Dorsalbänder.

KOPFZEICHNUNG: Schnauze schwarz mit einem schmalen Band; Rest des Kopfes schwarz.

DORSALZEICHNUNG: 16 - 22 rote Körperbänder; die roten Schuppen mit deutlichen schwarzen Spitzen. Weiße Ringe undeutlich, die Schuppen mit sehr deutlichen schwarzen Spitzen. Die schmalen weißen Ringe sind halb so breit wie die schwarzen, und die roten Ringe sind doppelt so breit wie die schwarz-weiß-schwarzen Triaden dazwischen.

Lampropeltis triangulum sinaloae

Ebenmäßig gezeichnete Exemplare von polyzona sind sehr attraktiv, doch leider wird man auch diese Dreiecksnatter nur selten zu Gesicht oder angeboten bekommen. Terrarianer sollten bei Bestimmungsversuchen von mexikanischen oder mittelamerikanischen Dreiecksnattern Vorsicht walten lassen, denn diese sind ein Puzzlespiel mit zahlreichen intergradierenden Populationen und wenigen offensichtlichen Unterschieden. Foto: R.G. Markel

VENTRALZEICHNUNG: Die weißen Ringe überqueren den Bauch und haben schwarze Einschlüsse während die schwarzen Ringe weiße Flecken aufweisen. Die roten Bänder setzen sich ebenfalls auf der Ventralseite fort.

JUNGTIERE: 23 - 28 cm; wie die Adulti.
GRÖSSE: 137 - 152 cm

Sinaloa-Dreiecksnatter
Lampropeltis triangulum sinaloae WILLIAMS 1978

Die Sinaloa-Dreiecksnatter hat einen schwarzen Kopf mit unterschiedlich großen Anteilen weißer Fleckung auf dem Rostrale und den Internasal-, Nasal- und Lorealschildern. Der erste schwarze Ring berührt den Mundwinkel oder liegt nicht mehr als eine Dorsaliabreite dahinter und bildet ein V auf der Kehle. Den roten Schuppen fehlen schwarze Spitzen. Die schwarzen Körperbänder sind 2 bis 2,5 Dorsalschuppen breit. Alle Ringe sind bauchseitig geschlossen. Die Form wird hauptsächlich unterhalb 1000 m Höhe gefunden, und ihre Verbreitung fällt mit der physiographischen Region des Küstentieflandes zusammen. Sie ist besonders entlang von Getreidefeldern sehr häufig. Die maximale Länge sind 122 cm.

VERBREITUNG: Südwestliche Ecke von Sonora südöstlich durch die Küstenebene und Vorgebirge von Sinaloa bis nahe an die Grenze von Nayarit und weiter bis an den Rio Fuerte im Südwesten von Chihuahua, Mexiko.

MERISTISCHE MERKMALE: 21 - 23 Dorsaliareihen; 205 - 228 Ventralia; 46 - 60 Subcaudalia; 7 - 8 Supra- und 7 - 10 Infralabialia; 10 - 16 rote Dorsalbänder.

KOPFZEICHNUNG: Schnauze schwarz mit weißer Marmorierung; Rest des Kopfes schwarz.

DORSALZEICHNUNG: Der erste schwarze Ring bildet auf der Kehle ein V. 10 - 16 rote Körperbänder. Alle Ringe umgeben den Körper vollständig. Die roten Schuppen haben keine, die weißen haben schwarze Spitzen. Die roten Bänder sind ungefähr dreimal so breit wie die schwarz-weiß-schwarzen Triaden.

VENTRALZEICHNUNG: Die schwarzen und die weißen Ringe setzen sich ununterbrochen auf dem Bauch fort. Die roten überqueren die Ventralseite ebenfalls, haben aber schwarze Einschlüsse auf dem Mittelbauch.

JUNGTIERE: 23 - 25 cm; wie die Adulti regelmäßig gezeichnet.
GRÖSSE: 102 - 122 cm

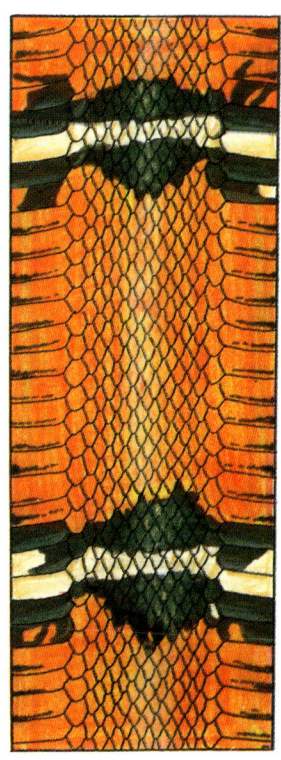 

Lampropeltis triangulum sinaloae Sinaloa-Dreiecksnatter

Lampropeltis triangulum sinaloae

Obwohl erst 1978 beschrieben, ist die Sinaloa-Dreiecksnatter zu einer der am häufigsten in Terrarien gehaltenen und begehrtesten dreifarbigen Königsnattern geworden. Sie ist relativ einfach zu züchten und ist dadurch in den letzten paar Jahren deutlich im Marktwert gesunken. Fotos auf diesen Seiten: R.G. Markel (oben) und B. Kahl (unten und gegenüber)

Lampropeltis triangulum sinaloae

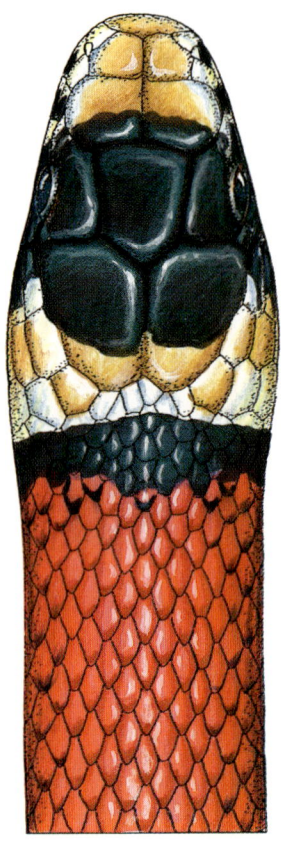

Lampropeltis triangulum smithi *Smiths Dreiecksnatter*

Smiths Dreiecksnatter
Lampropeltis triangulum smithi WILLIAMS 1978

Smiths Dreiecksnatter hat eine schwarz-weiße Schnauze wobei der vordere Teil der Internasalia, Präfrontalia, Nasalia, Lorealia und der Präocularia weiß und der hintere schwarz ist. Der vorderste schwarze Ring beginnt auf der Hinterkante der Parietalia oder ein bis zwei Dorsaliabreiten dahinter. Die roten Schuppen haben keine oder haben schwarze Spitzen; die weißen haben mäßig deutliche schwarze Spitzen. Die roten Körperringel zählen 19 bis 30. Tropische Trockenwälder und Küstenebenen sind geeignete Habitate dieser Natter. Die Maximallänge liegt bei 107 cm.

VERBREITUNG: Die Sierra Madre Oriental vom südöstlichen San Luis Potosi südwärts durch den Osten von Queretaro, Hildalgo, das nordöstliche Puebla bis in den Bereich von Jalapa in Veracruz, Mexiko.

MERISTISCHE MERKMALE: 21 Dorsaliareihen; 204 - 225 Ventralia; 45 - 62 Subcaudalia; 7 - 8 obere und 8 - 10 untere Lippenschilder; 19 - 30 rote Dorsalringe.

KOPFZEICHNUNG: Schnauze schwarz und weiß; Kopfseite schwarz; Labialia weiß mit schwarzen Balken.

Die deutlich weiß marmorierte Schnauze von L. t. smithi ist ein relativ klares Merkmal zur Unterscheidung von anderen mexikanischen Subspezies. Oberflächlich ähnelt diese Form annulata, *die weiter nördlich vorkommt. Foto: D. Breidenbach*

Lampropeltis triangulum stuarti

Smiths Dreiecksnatter ist ein weiteres Beispiel für eine neotropische Dreiecksnatter mit wenigen deutlichen Unterscheidungsmerkmalen in der Zeichnung und kann nur aufgrund durchschnittlicher Beschuppungswerte bei einer Reihe von Tieren mit bekannter Herkunft identifiziert werden. Einige Herpetologen sind der Auffassung, daß diese Gruppe von Schlangen zu sehr aufgeteilt ist und viele benannte Unterarten lediglich leicht divergierende Populationen repräsentieren.
Foto: D. Breidenbach

DORSALZEICHNUNG: Die roten Bänder zählen 19 bis 30 und umrunden den Körper. Die roten und die weißen Schuppen besitzen mäßig ausgeprägt schwarze Spitzen. Die weißen Ringe sind halb so breit wie die schwarzen; die roten Bänder sind schmaler als die schwarz-weiß- schwarzen Triaden.

VENTRALZEICHNUNG: Alle Dorsalbänder sind ventralseitig geschlossen; die roten zeigen Einschlüsse schwarzen Pigments.

JUNGTIERE: 20 - 23 cm; wie die Adulti.

GRÖSSE: 91 - 107 cm

Stuarts Dreiecksnatter
Lampropeltis triangulum stuarti WILLIAMS 1978

Stuarts Dreiecksnatter hat eine schwarze Schnauze mit einem V-förmigen weißen Band. Der Rest des Kopfes ist schwarz. Der erste schwarze Ring liegt an der Hinterkante der Parietalia oder ein bis zwei Dorsaliabreiten dahinter. Den roten Schuppen fehlt schwarzes Pigment, oder sie haben mäßig deutliche schwarze Spitzen. Die weißen Schuppen sind immer mit schwarzen Spitzen versehen. Man findet 19 bis 28 rote Körperbänder. Diese Dreiecksnatter

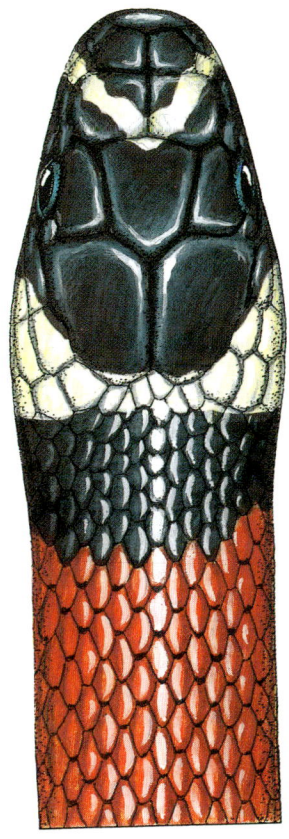

Lampropeltis triangulum smithi *Smiths Dreiecksnatter*

Lampropeltis triangulum stuarti

Stuarts Dreiecksnatter ist durch ein gelbes Schnauzenband im Zusammenhang mit relativ breiten roten Bändern und weißen Schuppen mit schwarzen Spitzen charakterisiert. Viele Tiere sind vermutlich durch den Amateur kaum zu identifizieren. Foto: R. McCarthy

bewohnt tropische Trockenwälder und die Küstenebene. Ausgewachsen erreicht sie 117 cm Länge.

VERBREITUNG: Pazifikseite von El Salvador, Honduras, Nicaragua und Nordwest-Costa Rica.

MERISTISCHE MERKMALE: 21 Dorsalschuppenreihen; 219 - 242 Ventralia; 49 - 59 Subcaudalia; 7 - 8 Supra-, 8 - 11 Infralabialia; 19 - 28 rote Dorsalbänder.

KOPFZEICHNUNG: Schnauze schwarz mit einem schmalen, weißen, V- förmigen Zeichen; der Kopf ist ansonsten schwarz.

DORSALZEICHNUNG: 19 - 28 rote Körperringe mit sehr schwachen oder keinen schwarzen Spitzen auf den Schuppen. Weiße Schuppen mit mäßig schwarzen Spitzen. Die roten Ringe sind schmaler als die schwarz-weiß-schwarzen Triaden. Die schwarzen Ringe sind die breitesten; sie teilen die roten im Vertebralbereich.

VENTRALZEICHNUNG: Alle Ringe sind unterseits geschlossen; die weißen haben einige schwarze, die schwarzen einige weiße, die roten sehr wenig schwarze Einschlüsse.

JUNGTIERE: 20 - 23 cm; Zeichnung wie die Adulti.

GRÖSSE: 102 - 177 cm

Obwohl im Allgemeinen der Honduras-Dreiecksnatter ähnlich (und manchmal auch als diese angeboten), sind die schwarzen Schuppenspitzen in den weißen Bereichen und die generell blasseren Farben für stuarti typisch. Foto: Guido Dingerkus
108 unten rechts L. t. syspila. Foto: R.G. Markel

108 unten rechts L. t. syspila. Foto: R.G. Markel

Lampropeltis triangulum syspila

Rote Dreiecksnatter
Lampropeltis triangulum syspila (COPE 1888)

Die Rote Dreiecksnatter besitzt ein schwarzes Band auf den Parietalia oder eine sehr dichte schwarze Pigmentierung. Der Rest des Kopfes ist rot oder cremefarben mit vereinzelten schwarzen Flecken. Die roten Sattelflecken sind durch ventrolaterale schwarze Ränder von der ersten Dorsalschuppenreihe getrennt; sie zählen 16 bis 31 auf dem Körper. Aufgrund weitreichender Intergradation mit anderen Unterarten sind die Farb- und Zeichnungsmerkmale äußerst variabel. Typische Biotope sind mit Gras bewachsene Hügellandschaften. Die Maximallänge liegt bei 102 cm.

VERBREITUNG: Südliches Indiana und westliches Kentucky bis in den Südosten der beiden Dakotas und den Osten von Oklahoma. Entlang der Ostgrenze der Verbreitung besteht ein breiter Intergradationsstreifen mit *L. t. triangulum*, und es ist dort nahezu unmöglich, beide Formen zu trennen. Weitere

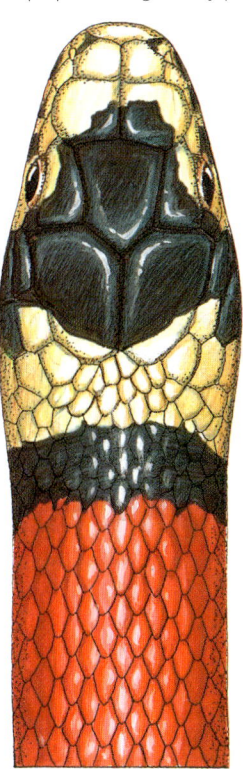

Lampropeltis triangulum syspila, *Rote Dreiecksnatter*

Die Rote Dreiecksnatter sieht häufig wie eine Östliche Dreiecksnatter aus und hat auch deren deutliche Kopfzeichnung. Beachte die Flecken an den unteren Flanken. Foto: Ken Lucas, Steinhart Aquarium

Lampropeltis triangulum taylori

In den westlichen und südlichen Teilen der Verbreitung ist L. t. syspila oftmals deutlich dreifarbig. Foto: R.G. Markel

Die Utah-Dreiecksnatter hat große Ähnlichkeit mit L. t. celaenops, besitzt jedoch eine noch mehr reduzierte Musterung. Foto: R.G. Markel

Mischpopulationen bestehen mit *L. t. gentilis* und *amaura*.

Meristische Merkmale: 21 Dorsaliareihen; 170 - 212 Ventralia; 37 - 51 Subcaudalia; 7 Supra, 8 - 10 Infralabialia; 16 - 31 rote Dorsalringe.

Kopfzeichnung: Schnauze rot, manchmal mit einer dünnen schwarzen Binde; Rest des Kopfes rot mit einem schwarz eingefaßten weißen Fleck über jedem Auge. Das Rot ist gelegentlich gänzlich oder teilweise durch beige oder lohbraun ersetzt.

Dorsalzeichnung: 16 - 31 rote Körperringe als Sattelflecken ausgebildet. Sie erreichen die Ventralia nicht sondern enden schwarz abgegrenzt über der ersten Dorsaliareihe. Die weißen Bänder verbreitern sich ventrolateral. Andeutungsweise ist beiderseits oft eine weitere Reihe kleiner, dunkler, ventrolateraler Flecken vorhanden, die anterior am schwächsten sind.

Ventralzeichnung: Schwarz und weiß gewürfelt; rot fehlt.

Jungtiere: 20 -23 cm; ähnlich den Adulti.

Größe: 53 - 71 cm

Utah-Dreiecksnatter

Lampropeltis triangulum taylori TANNER & LOOMIS 1957

Die Utah-Dreiecksnatter verfügt oftmals über eine völlig schwarze Schnauze. Die 23 bis 34 roten Körperringe sind durch schwarze Ränder von der ersten Dorsaliareihe oder den Ventralschuppen getrennt. Häufig sind sie durch schwarzes Pigment vertebral geteilt. Bevorzugte Habitate sind mit Wacholder und Stinkbusch durchsetzte Kiefern- und Eichenbestände. Die Maximallänge beträgt 76 cm.

Verbreitung: Zentrales und nordöstliches Utah, westliches Colorado und Nord-Arizona.

Meristische Merkmale: 21 Dorsalschuppenreihen; 174 - 197 Ventralia; 37 - 52 Subcaudalia; 7 Supra-, 7 - 11 Infralabialia; 23 - 34 rote Dorsalbänder.

Selten einmal wird die Utah-Dreiecksnatter im Handel angeboten. Foto: D. Breidenbach

Lampropeltis triangulum triangulum

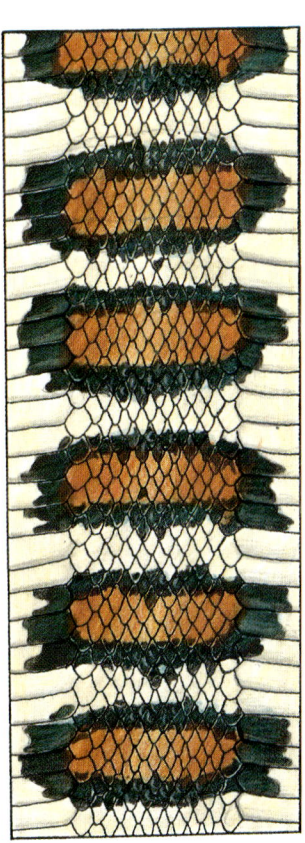

Lampropeltis triangulum taylori *Utah-Dreiecksnatter*

Die typische Östliche Dreiecksnatter hat wie mexicana einen gegabelten Nackenfleck und keine dreifarbige Zeichnung. Foto: R.G. Markel

KOPFZEICHNUNG: Schnauze schwarz mit schwacher weißer Marmorzeichnung; Kopf oberseits mit mehr Weiß als Schwarz.

DORSALZEICHNUNG: Anzahl der roten Körperbänder zwischen 23 und 34. Die schwarzen Bänder weiten sich oft auf die roten aus und teilen sie bisweilen vertebral. Das erste weiße Band greift lateral auf das Schwarz des Kopfes über. Die weißen Ringe sind ebenso breit wie die roten, setzen sich jedoch auf dem Bauch fort.

VENTRALZEICHNUNG: Überwiegend hell, mit einigen schwarzen Flecken als Fortsetzung der lateralen schwarzen Einfassungen der roten Dorsalflecken.

JUNGTIERE: 18 - 20 cm; wie die Adulti.

GRÖSSE: 61 - 76 cm

Östliche Dreiecksnatter
Lampropeltis triangulum triangulum (LACêPEDE 1788)

Bei der Östlichen Dreiecksnatter erstreckt sich der erste Dorsalfleck - es handelt sich nicht um ein Band - bis auf den Kopf und bildet ein Y oder ein V. Die dorsale Körperzeichnung besteht aus einer Reihe Sattelflecken, die gewöhnlich lateral bis auf die

Lampropeltis zonata agalma

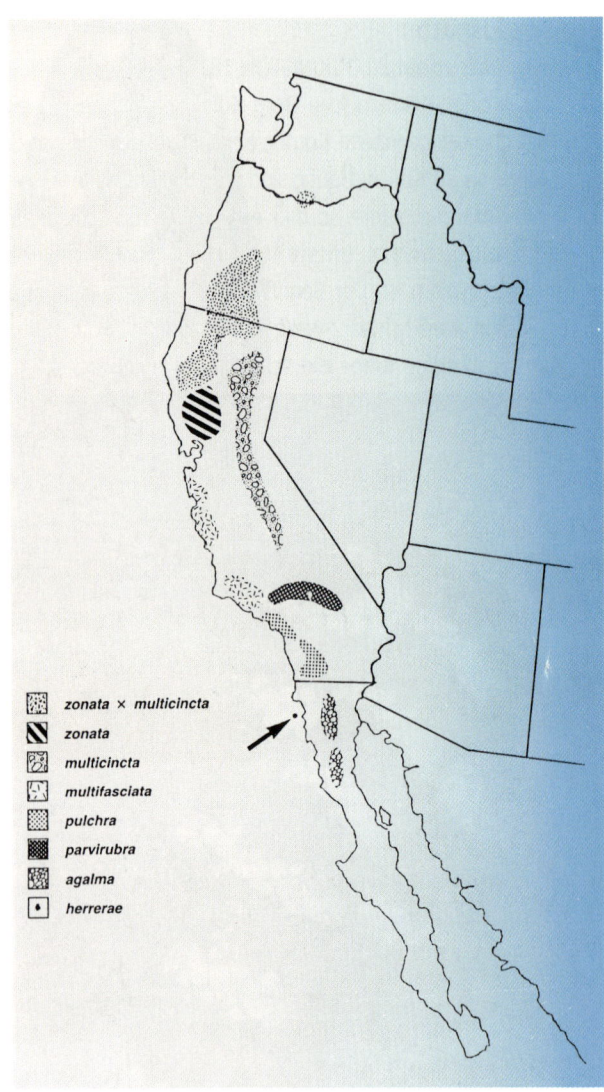

zonata × multicincta
zonata
multicincta
multifasciata
pulchra
parvirubra
agalma
herrerae

jedoch gemieden wird. Die weiteren Verbreitungsareale sind mehr oder weniger disjunkt. Eine nördliche Population bewohnt das südlich-zentrale Washington während andere südlich der Bucht von San Francisco bis auf die nördliche Baja California vorkommen. Die Art besiedelt Höhenlagen von Meereshöhe (z.B. auf der Insel South Todos Santos) bis 2400 m in den San Gabriel Mountains im Los Angeles County. Das Nahrungsspektrum setzt sich aus Reptilien, Nagetieren und Vögeln zusammen. GOODMAN & GOODMAN (1976) berichteten, daß das auffällig dreifarbige Farbkleid dazu benutzt würde, um brutpflegende Vögel zu Angriffen zu provozieren. Die Schlange würde sich dabei offen zeigen und die Häufigkeit der Angriffe sowie das Verhalten der Vögel nutzen, um deren Nester und Küken aufzuspüren. Dieses Verhalten hatten die Autoren an *L. z. parvirubra* in den San Bernardino Bergen beobachtet. Allgemein scheint aber nur wenig über die Lebensweise dieser Natter bekannt zu sein.

REVISIONEN: ZWEIFEL (1952), ZWEIFEL (1974)

San Pedro-Königsnatter

Lampropeltis zonata agalma VAN DENBURGH & SLEVIN 1923
Die San Pedro-Königsnatter ist eine kleine Schlange, bei welcher mehr als die Hälfte aller schwarzen Ringe einen roten Ring beinhalten. Der Hinterrand des ersten weißen Bandes liegt auf dem letzten Labialschild. Es gibt mehr als 40 Triaden, die viel Rot aufweisen. Auch die Schnauze ist deutlich mit roten Tönen durchzogen. Die Maximallänge liegt bei 76 cm.

VERBREITUNG: Nördliche Baja California, Sierra Juarez und Sierra San Pedro San Martin.

Die meisten schwarzen Ringe von L. z. agalma *sind deutlich durch Rot zweigeteilt. Foto: V.N. Scheidt*

nicht. Eine Folge von schwarz-weiß-schwarz-rot-schwarz-weiß sind daher nicht mehr als zwei Triaden. Die weißen Ringe verbreitern sich ventrolateral nicht, ähnlich wie bei *T. triangulum* und *T. getulus*. Die Schnauze kann schwarz sein oder schwarz mit roter, niemals jedoch mit weißer Sprenkelung. Im Normalfall sind 7 obere und 9 untere Lippenschilder vorhanden. Die hintersten beiden Maxillarzähne sind gewöhnlich verlängert und kräftiger als die davorliegenden. Gemäß ZWEIFEL (1974) erstreckt sich das Hauptverbreitungsgebiet vom nördlichen Kern County in Kalifornien nordwärts entlang der Westflanke der Sierra Nevada bis ins südliche Oregon und südwärts in den Ostteil der Küstengebiete nördlich von San Franscisco wobei der eigentliche Küstenstreifen

Lampropeltis zonata herrerae

Lampropeltis zonata agalma *San Pedro-Königsnatter*

MERISTISCHE MERKMALE: 21 - 23 Dorsalschuppenreihen; 194 - 220 Ventralia; 50 - 56 Subcaudalia; 41 - 48 Triaden auf dem Körper.

DORSALZEICHNUNG: Schnauze oftmals deutlich mit Rot gezeichnet; mehr als 40 Triaden auf dem Körper; mehr als die Hälfte der Triaden beinhalten rote Ringe.

VENTRALZEICHNUNG: Das Rot der Oberseite setzt sich zusammen mit den flankierenden schwarzen Ringen auf dem Bauch fort. Die weißen Bänder sind ventral ebenfalls geschlossen.

JUNGTIERE: 18 cm

GRÖßE: 61 - 76 cm

Todos Santos-Insel-Königsnatter

Lampropeltis zonata herrerae VAN DENBURGH & SLEVIN 1923
Dieser Form fehlt Rot in den Triaden, so daß ihre Zeichnung eher der der Kalifornischen Königsnatter *L. getulus californiae* ähnelt. Die Hinterkante des ersten weißen Rings liegt vor dem Mundwinkel. Die Maximalgröße beträgt 76 cm. Die Lebensgewohnheiten dieser Inselform sind nahezu völlig unbekannt, und lebende Exemplare sind so gut wie nicht erhältlich.

VERBREITUNG: Nur auf der Insel South Todos Santos vor der nördlichen Baja California, ca. 80 km südlich der kalif. Küstenlinie.

MERISTISCHE MERKMALE: 23 Dorsaliareihen; 216 - 220 Ventralia; 53 - 59 Subcaudalia; 36 - 41 Körpertriaden.

DORSALZEICHNUNG: Schnauze schwarz; 36 - 41 Triaden auf dem Körper, ohne rote Töne in den schwarzen Ringen. Schwarze Ringe breiter als weiße. Schwache rote Spuren können auf den unteren Schuppenreihen auftreten.

VENTRALZEICHNUNG: Schwarze und weiße Ringe mit geringfügigen Spuren von Rot.

JUNGTIERE: 18 - 20 cm

GRÖßE: 61 - 76 cm

Lampropeltis zonata multicincta

Lampropeltis zonata herrerae *Todos Santos-Königsnatter*

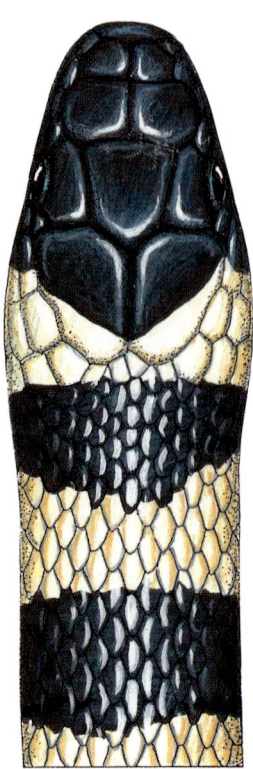

Sierra-Königsnatter
Lampropeltis zonata multicincta (YARROW 1882)

Ein Merkmal dieser Form ist, daß weniger als 60% der Triaden vertebral ungeteilte, d.h. komplette rote Ringe aufweisen. Der Hinterrand des ersten weißen Bands liegt hinter dem Mundwinkel. Bewaldete Gebiete und schattige Bereiche von Schluchten sind bevorzugte Habitate. Es ist eine eher kleine, schlanke, dreifarbige Königsnatter mit einer vergleichsweise weiten Verbreitung. Die maximale Adultlänge liegt bei 102 cm.

VERBREITUNG: Sierra Nevada von Kern und Tulare County bis Shasta County in Kalifornien. Unterartbastarde mit der St. Helena-Königsnatter kommen im Südwesten von Oregon, außerhalb der Verbreitungsgebiete beider Elternformen vor.

MERISTISCHE MERKMALE: 23 Dorsaliareihen; 202 - 227 Ventralia; 46 - 61 Subcaudalia; 23 - 48 Körpertriaden.

DORSALZEICHNUNG: Kopf einschließlich der Schnauze überwiegend schwarz; 23 - 48, durchschnittlich 35 Triaden auf dem Körper; weniger als 60% der Triaden beinhalten vertebral ungeteilte rote Ringe. Gelegentlich können rote Töne völlig fehlen, insbesondere bei Exemplaren aus dem Yosemite Nationalpark.

VENTRALZEICHNUNG: Die schwarzen Dorsalbänder sind auf dem

L. z. multicincta *hat ebenso wie* parvirubra, pulchra, herrerae *und* zonata *eine schwarze Schnauze.* Foto: S. McKeown

In manchen Gegenden fehlen multicincta *die roten Zwischenbänder in den schwarzen Ringen genauso wie* herrerae, *jedoch endet der erste weiße Ring immer hinter dem Mundwinkel.* Foto: R.G. Markel

Lampropeltis zonata multifasciata

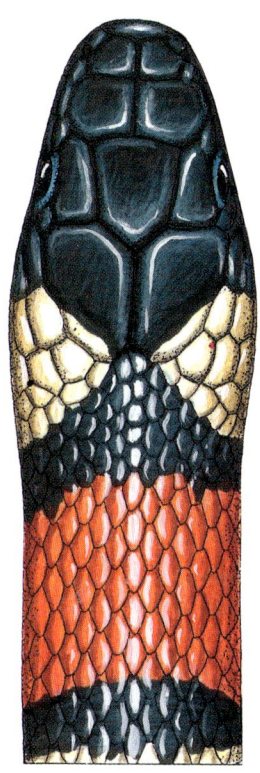

Lampropeltis zonata multicinta Sierra-Königsnatter

Bauch geschlossen, haben jedoch zum Teil rote Einschlüsse. Die weißen Ringe setzen sich auf dem Bauch fort, können jedoch unterbrochen sein. Ein alternierendes Muster aus Schwarz, Weiß und Rot kann andererseits ebenfalls auftreten.

JUNGTIERE: 18 cm; Schlüpflinge zeigen wenig Rot.
GRÖSSE: 76 - 91 cm

Küsten-Königsnatter
Lampropeltis zonata multifasciata (BOCOURT 1886)

Die Küsten-Königsnatter unterscheidet sich von allen anderen Unterarten durch mehr Rot auf der Schnauze. Die schwarzen Ringe sind gewöhnlich schmal, insbesondere auf den Flanken. Obwohl weniger als 41 Triaden auf dem Körper vorhanden sind, ist Rot eine bestimmende Farbe. Der Hinterrand des ersten weißen Bands liegt auf dem letzten oberen Lippenschild bei den südlichen Populationen, bzw. auf dem Mundwinkel bei den nördlichen. Waldgebiete und schattenreiche Schluchten sind bevorzugte Lebensräume. Die Maximallänge beträgt ca. 90 cm.

VERBREITUNG: Gebiete südlich von San Francisco bis an den Santa Clara River, Ventura County in Kalifornien. Bevorzugt im Küstenstreifen.

MERISTISCHE MERKMALE: 23 Dorsalarcihen; 205 - 224 Ventralia; 52 - 62 Subcaudalia; 26 - 41 Körpertriaden.

DORSALZEICHNUNG: Schnauze deutlich mit Rot durchsetzt; 26 - 41, im Mittel 35 Triaden auf dem Körper. Mehr als 60% der schwarzen Ringe sind vollständig durch rote Ringe geteilt. Die schwarzen Bänder sind normalerweise schmal, insbesondere im

Bei L. z. multicincta hat das Rot in den meisten Triaden die Form eines echten Bandes. Sie sieht damit den Dreiecksnattern sehr ähnlich. Foto: S. McKeown

Lampropeltis zonata multifasciata

Ebenmäßig geringelte Exemplare der Küsten-Königsnatter L. z. multifasciata *unterscheiden sich von* L. triangulum *durch den Besitz von deutlich mehr als 30 roten Ringen (meistens erheblich weniger bei* triangulum*) und dadurch, daß sich die schwarzen Ringe auf den unteren Schuppenreihen verjüngen. Foto: B.E. Baur*

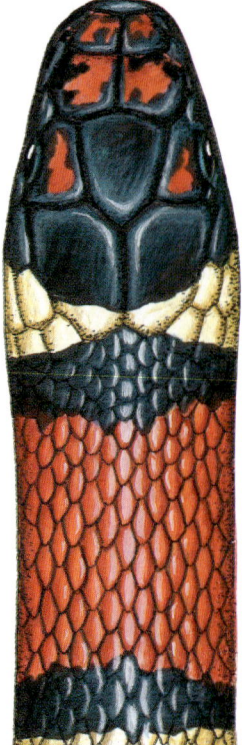

Lampropeltis zonata multifasciata *Küsten-Königsnatter*

Lampropeltis zonata parvirubra

Lampropeltis zonata parvirubra *San Bernardino-Königsnatter*

L. z. parvirubra *ist* L. z. pulchra *sehr ähnlich, besitzt jedoch mehr Triaden, und nur ungefähr ein Drittel der Triaden sind völlig durch Rot geteilt (70% bei* pulchra*). Dies sind jedoch Durchschnittsmerkmale, und einzelne Tiere sind am besten durch ihre Herkunft zu bestimmen. Foto oben: R.G. Markel, unten: B.E. Baur*

ventrolateralen Bereich. Rote Töne sind bei dieser Schlange vorherrschend, speziell wenn es sich um Exemplare aus den Santa Cruz Bergen handelt.

VENTRALZEICHNUNG: Die roten, schwarzen und weißen Bänder sind unterseits geschlossen. Die roten beinhalten dabei verstreut schwarzes Pigment.

JUNGTIERE: 18 cm; bei frisch geschlüpften Tieren sind die breiten roten Bänder von dünnen schwarzen Binden eingefaßt. Die weißen sind breiter als die schwarzen und untereinander gleichmäßig breit.

GRÖßE: 76 bis 91 cm

San Bernardino-Königsnatter
Lampropeltis zonata parvirubra ZWEIFEL 1952

Die San Bernardino-Königsnatter besitzt wenigstens 35, meistens jedoch 37 oder mehr Triaden. Die Schnauze ist dunkel, und die Hinterkante des ersten weißen Rings liegt wenigstens auf oder sogar vor dem letzten Supralabiale. Diese Unterart ernährt sich von Nager- Jungtieren, kleinen Schlangen und Echsen. Ihre

Lampropeltis zonata zonata

Die unzulänglich bekannte St. Helena-Königsnatter. Foto: Mike Dee

kommen nördlich bis nach Südost-Oregon vor. Die Population in Washington scheint ebenfalls aus natürlichen Bastarden zu bestehen.

MERISTISCHE MERKMALE: Dorsalschuppen in 23 Reihen; 207 - 218 Ventralia; 46 - 52 Subcaudalia; 24 - 30 Körpertriaden.

DORSALZEICHNUNG: Schnauze dunkel ohne Rot. 24 bis 30, im Mittel 27 Triaden auf dem Körper (ZWEIFEL hatte nur begrenzt Material zur Verfügung). 60% der Triaden sind durch rote, vertebral nicht unterbrochene Ringe zerteilt; ausnahmsweise können rote Töne fehlen. Die roten Bänder sind ungefähr ebenso breit wie die schwarz-weiß-schwarzen Ringkombinationen. Die weißen und die schwarzen Bänder sind in etwa gleichbreit und können bisweilen vertebral verbunden sein.

VENTRALZEICHNUNG: Die roten und die weißen Bänder sind ventral geschlossen; die roten beinhalten schwarzes Pigment.

JUNGTIERE: 18 - 20 cm; die weißen Ringe können brillanter als bei den Adulti sein.

GRÖSSE: 76 - 91 cm

Die Unterarten von Lampropeltis zonata *sind bei einzelnen Tieren häufig nicht zu bestimmen wenn der Fundort nicht bekannt ist. Alle Taxa sind einander äußerst ähnlich und individuell sehr variabel.*

Krankheiten und Parasiten

Wenngleich die Erforschung von Erkrankungen und Parasiten bei Königsnattern noch immer in den Anfägen steckt, ist dennoch genug bekannt, um hier einige der am häufigsten auftretenden Erscheinungen bei Terrarien- und Wildfangtieren kurz zu besprechen. Desweiteren sollen einige Medikamente erwähnt werden, die - mit unterschiedlichem Erfolg - an diesen Schlangen getestet worden sind. Detailliertere Angaben können bei FRYE (1973) und ROSS (1984) nachgeschlagen werden. Grundsätzlich ist eine Haltung anzustreben, die so optimal wie möglich ist und so Erkrankungen gar nicht erst aufkommen läßt. Stress ist z.B. ein auslösender Faktor für viele Krankheiten. Es empfiehlt sich immer, mit einem erfahrenen Tierarzt zusammen arbeiten wenn es um mehr als Maßnahmen zur Ersten Hilfe geht.

Bakterien

Die am häufigsten bei Schlangen zu findenden Bakterien gehören zu den Gattungen *Pseudomonas, Aeromonas, Proteus, Klebsiella* und *Citrobacter* obschon eine Reihe anderer Gattungen ebenfalls nachgewiesen wurden, z.B. *Staphylokokken, Moraxella, Serratia, Herellea, Mima* und *Escherichia*.

Infektiöse Stomatitis

Infektiöse Stomatitis, auch als Maulfäule, Ulcerative Gingivitis oder Ulcerative Stomatitis bekannt, ist die häufigste Erkrankung von im Terrarium gehaltenen Schlangen. Das erste Anzeichen dafür ist die unerklärliche Absonderung von Mundschleim. Einige Verfasser haben vermutet, daß ein Vitaminmangel, im Besonderen von Ascorbinsäure (Vitamin C), eine ausschlaggebende Rolle bei der Entwicklung von Maulfäule spielt. Die Diagnose fußt dann auf vorhandenen Läsionen im Mundinnenraum. Die nachfolgend genannten Antibiotika verfügen, in abnehmender Wirksamkeit, über geeignete antibakterielle Wirkstoffe: Gentamycin, Chloramphenicol, Kanamycin, Neomycin, Cephalothin, Streptomycin, Ampicillin und Tetracyclin. Diese Liste ist nicht dafür gedacht, Kultur- oder Wirksamkeitstests zu ersetzen, jedoch können sie eine Hilfe für die vorübergehende Behandlung sein während man auf die Ergebnisse der Laboruntersuchungen wartet. Die normalen Futtergaben können mit 10 bis 50 mg Ascorbinsäure angereichert werden. Zwangsverabreichungen sollten jedoch als allerletzte Möglichkeit in Betracht gezogen werden. Eine Optimierung der Haltungsbedingungen - insbesondere der Faktoren Luftfeuchtigkeit und Temperatur - ist insofern wichtig, als

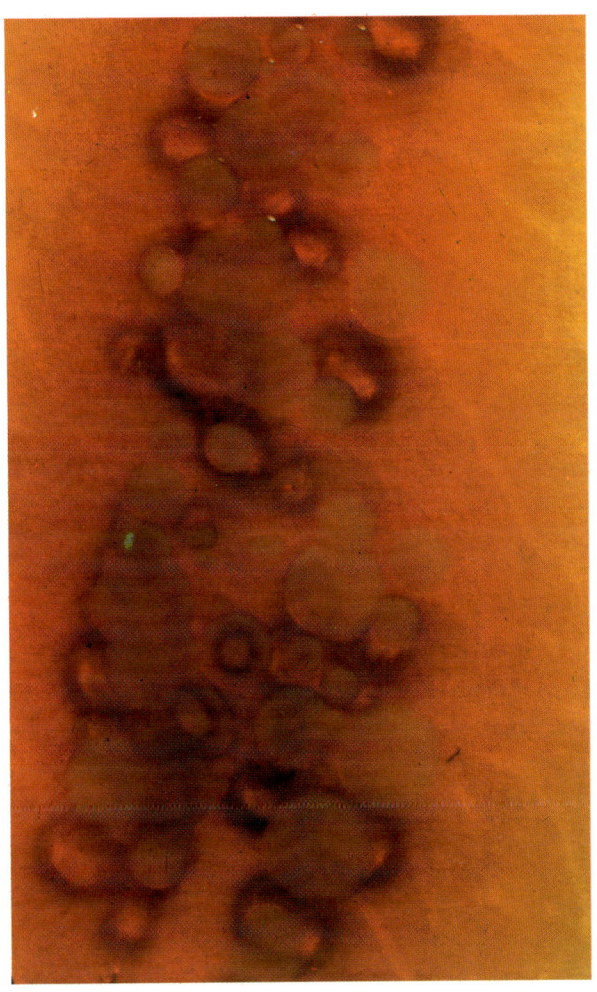

Kolonien von Aeromonas-Bakterien sind Auslöser verschiedener Schlangenkrankheiten.

die natürlichen Verteidigungsmechanismen wie Gewebeerneuerung und Antikörperproduktion temperaturabhängig sind. Vereiterungen und Caseation (die Bildung des käsigen Gewebes) sollten mit einem in Wasserstoffsuperoxyd oder einer Betadine-Lösung getauchten Wattestäbchen gereinigt werden. Trink- und Badewasser sollten regelmäßig mit einer Trisulfatlösung (Trisulfa-G, Norden) 7,5 g/l versetzt werden.

Abszesse

Abszesse sind in der Regel feste Schwellungen, die an allen Teilen des Körpers auftreten können. Die Behandlung umfaßt Spalten und Kürettage und eine Nachbehandlung mit Lugollösung.

Krankheiten und Parasiten

Eine antibiotische, proteolytische Enzyme enthaltende Salbe sollte solange angewendet werden bis ein Heilungserfolg sichtbar wird.

Fleischwunden

Die am häufigsten festgestellten Fleischwunden bei Schlangen sind Bisse durch Ratten. Diese können sehr ernsthaft sein, jedoch beschränken sich die Behandlungsmöglichkeiten weitgehend auf die Verabreichung von Furacin. Das Problem der Verletzung durch Ratten kann einfach dadurch vermieden werden, daß keine unbetäubten, lebenden Ratten verfüttert werden. Vorher betäubte Ratten können kaum Schaden anrichten. Eine weitere häufig beobachtete Verletzungform ist ein abgerissenes Rostralschild. Die beschädigte Stelle sollte in diesem Fall vorsichtig gesäubert und mit einer geeigneten Nitrofurazon-Salbe (z.B. Furacin, Eaton) behandelt werden.

Verbrennungen

Meistens sind ungeschützt installierte Heizstrahler die Ursache für Brandverletzungen bei Terrarienschlangen. Unter dem Terrarium verlegte Heizkabel oder -matten bieten sich hier als Alternativen an. Verbrannte Stellen sind mit Furacin solange abzudecken, bis sie verheilt sind.

Häutungsprobleme

Unvollständige Häutungen sind ein allgegenwärtiges Problem bei der Terrarienhaltung von Schlangen. Bei einem normalen Verlauf verweigert die Schlange für sieben bis zehn Tage vor der Häutung die Nahrungsaufnahme. Die Augen werden zunehmend trüber bis sie schließlich undurchsichtig erscheinen. Kurz vor der Häutung werden sie dann wieder klar. Zur gleichen Zeit verblaßt die Färbung. Die Veränderungen beruhen auf der Abgabe einer öligen Substanz zwischen der alten und der darunterliegenden neuen Hautschicht. Ist eine Schlange dehydriert oder in anderer Weise geschwächt, kann der Häutungsvorgang behindert oder verzögert werden. Ein Einweichen des Tieres in lauwarmem Wasser hilft, die alten Hautreste vorsichtig manuell zu entfernen. Ein angemessenes Wassergefäß sowie rauhe Einrichtungsgegenstände wie Wurzeln und Zweige sind Voraussetzungen für einen problemlosen Hautwechsel. Gelegentlich häutet eine Schlange die Cornealschilder nicht mit und ist vorübergehend blind. Diese

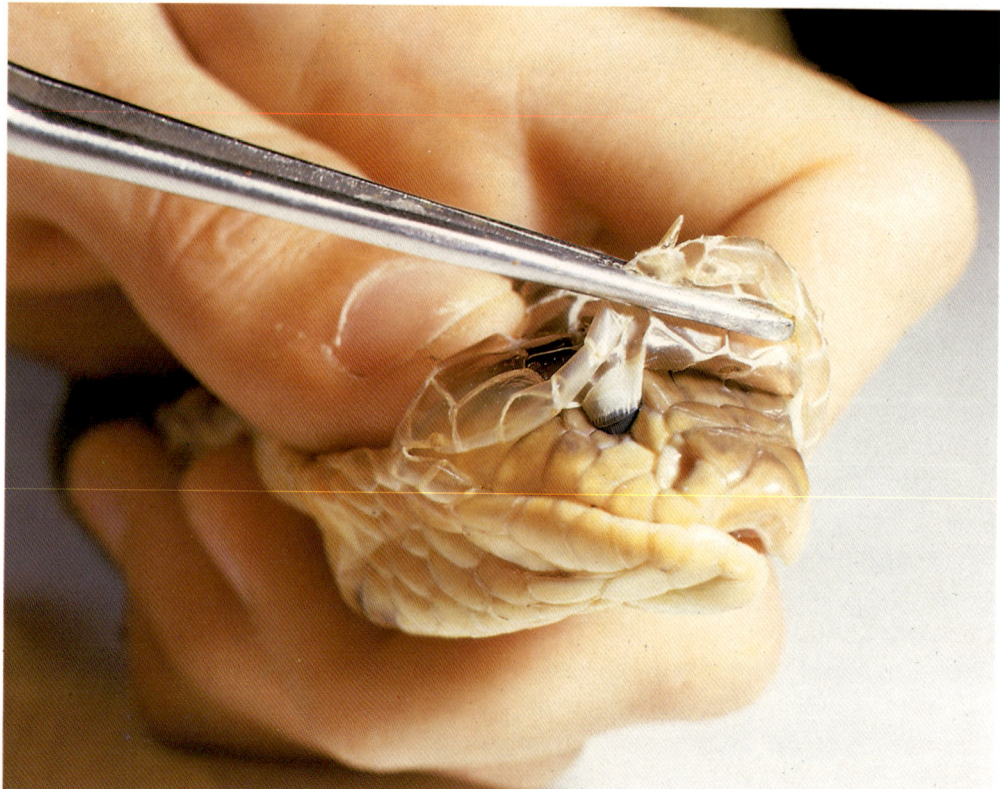

Häutungsprobleme sind ein häufiges Problem bei allen Schlangen. Ist das Tier jedoch gesund und die Luftfeuchtigkeit korrekt, löst sich das Problem in der Regel von selbst. Der Halter kann jedoch gezwungen sein, die alte Haut vorsichtig vom Kopf zu entfernen. Foto: S. Kochetov

Krankheiten und Parasiten

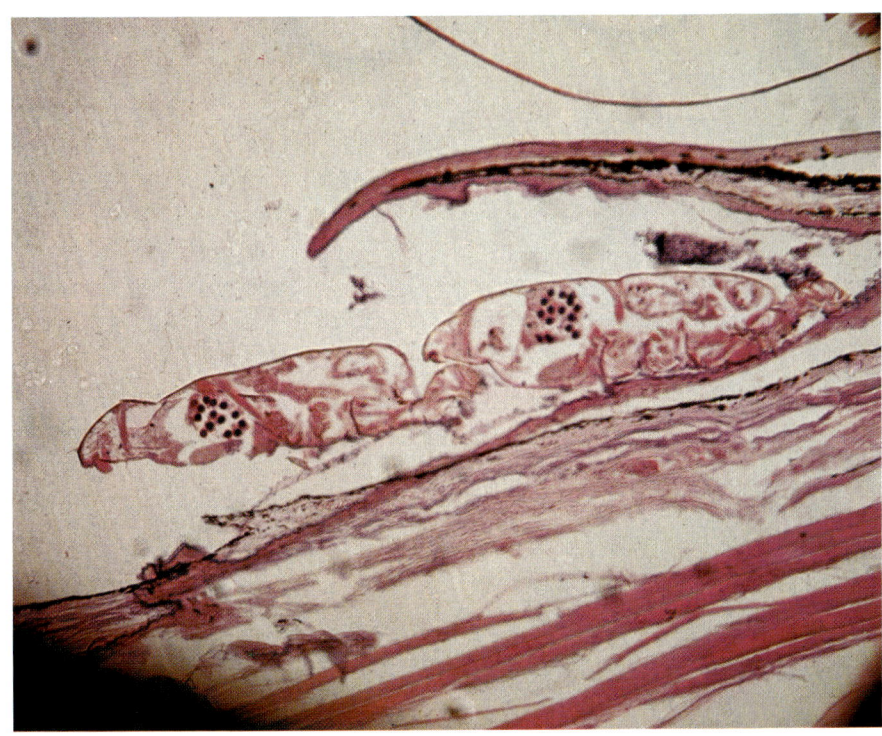

Querschnitt durch eine unter einer Schuppe blutsaugenden Milbe Ophionyssus natricus.
Foto: Dr. E. Elkan

Schuppen können dann leicht mit einer feinen Pinzette abgehoben werden. Lassen sie sich jedoch nicht ohne Aufwand ablösen, helfen warme, feuchte Kompressen.

Augenerkrankungen

Die wahrscheinlich am häufigsten bei Königsnattern auftretende Augenerkrankung ist eine Panophthalmie mit orbitaler Abszessbildung, also eine Vereiterung. Bei der Untersuchung hat es oft den Anschein, als sei das gesamte Auge zerstört, jedoch kann ein Einschnitt von unten in das Orbitalgewebe und Absaugen zur völligen Wiederherstellung führen. Der kleine Einschnitt wird entweder durch die Mundhöhle oder direkt unter dem Cornealschild angesetzt und erlaubt gleichzeitig Zugang zum Retrocornealschild. Verfestigter Eiter und abgestorbenes Gewebe lassen sich vorsichtig mit einer glatten Sonde oder abgeflachten Kürette entfernen. Spülungen mit Neomycin versetzter Ringerlösung helfen, vorhandene Substanzen zu beseitigen. Die Nachbehandlung sollte ebenfalls aus Abdecken mit einer antibiotischen Salbe bestehen. Es ist vermutlich unnötig darauf hinzuweisen, daß alles Zuvorgesagte ein Job für einen qualifizierten Tierarzt ist.

Parasiten

Ektoparasiten

Schlangen sind sehr häufig Träger von Außenparasiten wie Milben (besonders *Ophionyssus natricus*) und Zecken (speziell *Ornithodoros*). Der einfachste Weg diese zu beseitigen, ist das Aufhängen eines Insektenstrips für einige Tage über dem Terrarium. Auch das Baden der individuellen Tiere in lauwarmem Wasser hat sich bewährt. Myiasen (Madenfraß) durch die Maden von *Cuterebra, Calitroga, Sarcophaga* und anderer Fliegen werden ebenfalls gelegentlich beobachtet. Das Absammeln der Larven, deren Ausscheidungsprodukten und eine lokale Wundbehandlung sind normalerweise zur Heilung ausreichend.

Amöbiasen

Entamoeba invadens ist der Auslöser für Ulceraritive Gastritis, Enteritis und Hepatitis bei Schlangen. Der Magen, Dick- und Dünndarm sowie die Leber werden am häufigsten durch Amöbiasis geschädigt. Der Parasit verbreitet sich in seinem Wirt über die Blut- und Lymphbahnen. Geschwüre und Nekrosen werden oft beobachtet. Eine massive Lebernekrose kann auftreten wenn in der Folge die Portalvenen durch eine Thromboembolie blockiert werden. *E. invadens* wurde auch als Verursacher von Renalnekrosen identifiziert. Intramuskuläre Injektionen mit

Krankheiten und Parasiten

Zecken gehören zu den am wahrscheinlichsten sofort zu bemerkenden Parasiten bei Wildfang-Schlangen. Die meisten sehen wie kleine dunkle Körner aus (oben). Die mit starken Widerhaken versehenen Mundwerkzeuge von Ornithodoros werden in dem unten gezeigten Querschnitt deutlich. Foto oben: M. Gilroy, unten: Dr. E. Elkan

Emetinhydrochlorid (E. Lilly) in der Dosierung von 0,5 g/kg Körpergewicht können über zehn Tage verabreicht werden. Der Wasserversorgung des Patienten muß währenddessen besondere Aufmerksamkeit geschenkt werden, da es sonst zu gefährlich erhöhten Serumkonzentration durch Hämokonzentration kommen kann.

Flagellaten

Hämoflagellaten, insbesondere *Trypanosoma butananense, T. erythrolampi, T. mattogrossense* und *T. merremi* werden speziell bei einigen südamerikanischen Schlangen nachgewiesen. Ein nicht näher bestimmter Trypanosom wurde in einer ventralen Cervicalzyste bei einer Kalifornischen Königsnatter (*Lampropeltis getulus californiae*) gefunden. Mikrofilarien wurden ebenfalls schon festgestellt. Alle Versuche, diese Parasiten näher zu bestimmen, sind bislang gescheitert. Andere Hämoflagellaten, die belegtermaßen bei klinisch gesunden Schlangen nachgewiesen wurden, sind *Herpetomonas homalosoma var. eutrichomastix serpentis, Chilomastix sp., Trichomnas sp.* und *Giardia sp.*

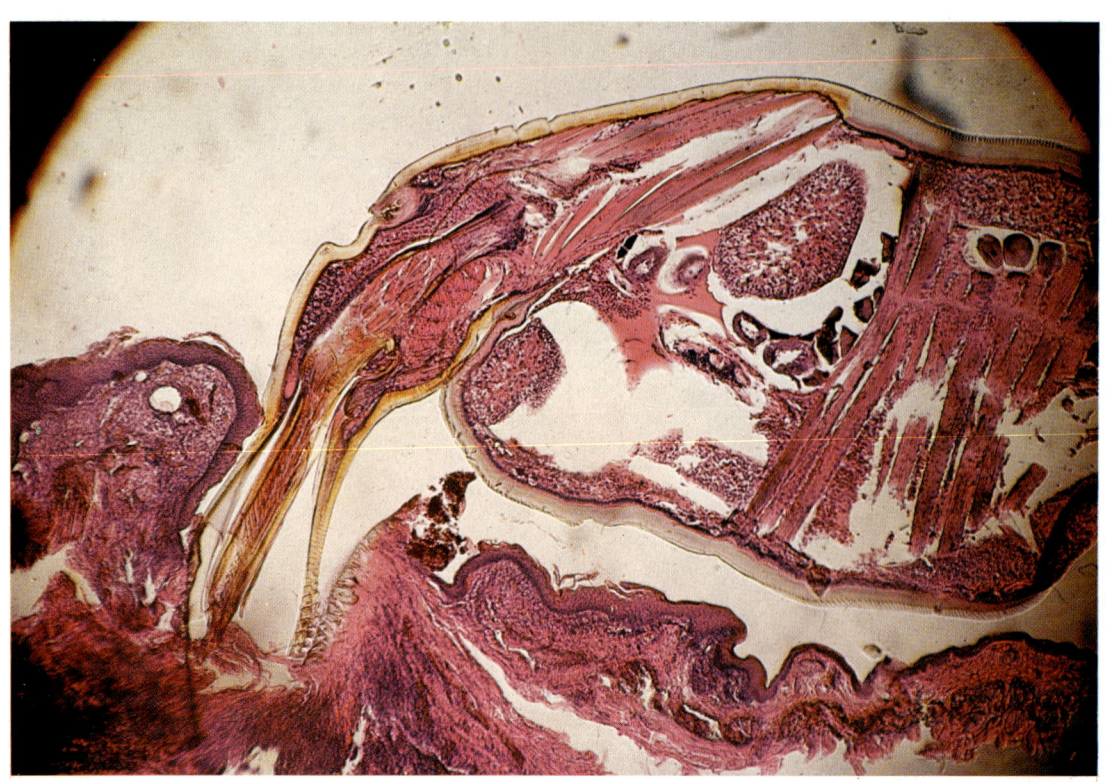

Krankheiten und Parasiten

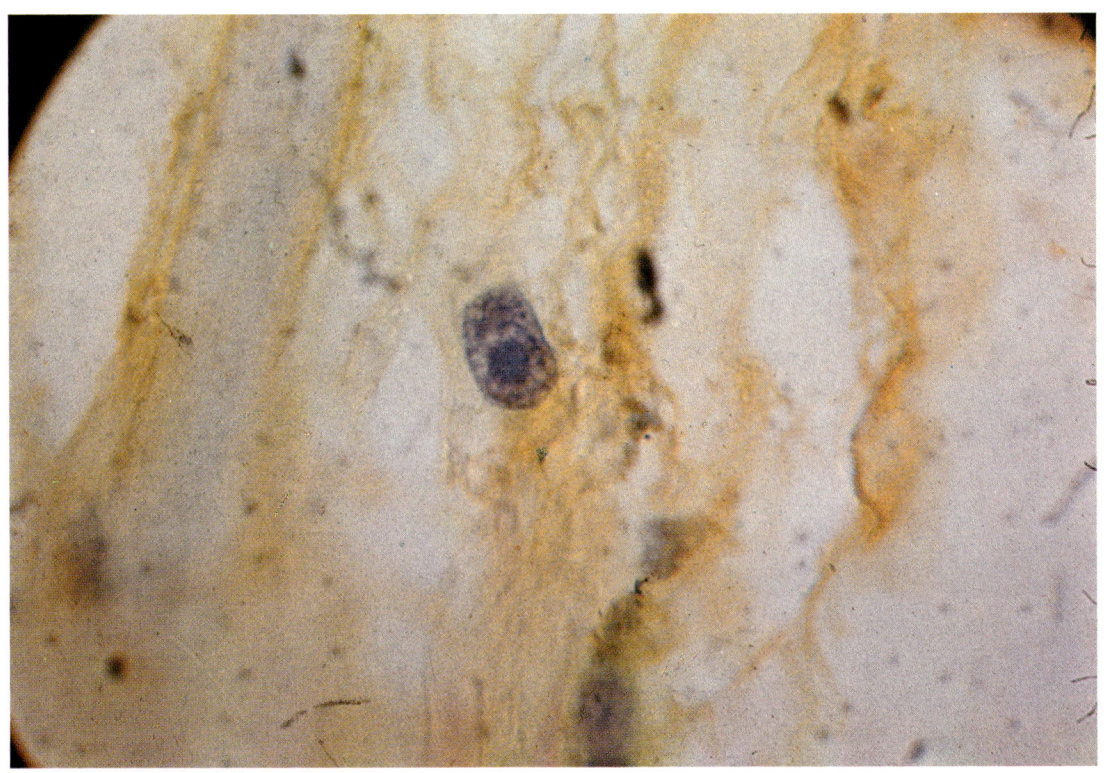

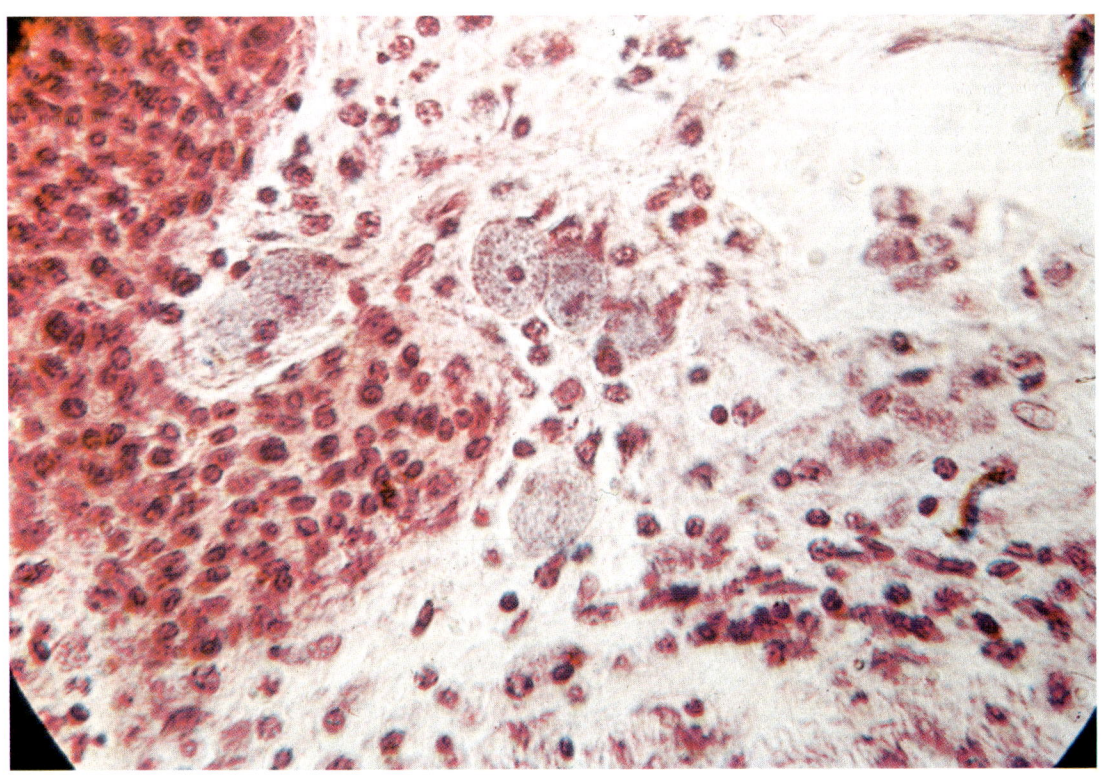

Die parasitische Amöbe Entamoeba invadens *stellt eine ernsthafte Bedrohung für Schlangen dar und kann weitreichenden Schaden an mehreren inneren Organen anrichten. Ihre Bekämpfung mit Emetine Hydrochlorid schwächt die Schlange ebenfalls. Fotos: Dr. E. Elkan*

Krankheiten und Parasiten

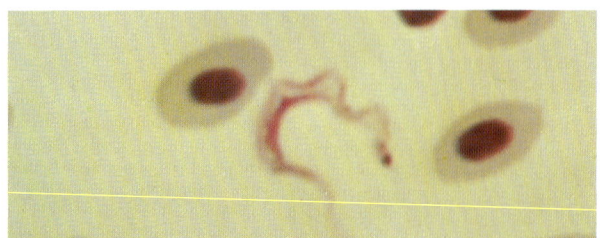

Trypanosoma ist ein Flagellat, der häufig im Blut von Schlangen nachzuweisen ist.

Sporozoen

Kokkidieninfektionen der Gallenblase mit *Eimeria bitis* sind belegt. *Isospora naiae* wurde ebenfalls als Verursacher von pathologischen Gallenblasen- und Darmerkrankungen festgestellt. Falls Kotproben zu diesbezüglichen Ergebnissen führen, sollte sofort mit einer Behandlung mit entsprechend dosierten Sulfamethozinen oder Sulfadimethoxinen begonnen werden. Sporozoen der Parasitengattung *Haemogregarina* werden oftmals in Schlangenblut nachgewiesen. Diese Gattung ist sehr artenreich, jedoch konnten bei Schlangen bislang keine klinischen Erkrankungen auf diese speziellen Parasiten zurückgeführt werden.

Würmer

Nematoden, Cestoden und Trematoden sind für Reptilien bekannt. Da die Nahrung der meisten Schlangen aus vielerlei lebenden Tieren besteht, fungieren letztere gleichzeitig als Träger für diese Parasiten und lassen sich daher auch kaum ausschalten. Eine Reihe von Zungenwürmern oder Linguatulen, rätselhafte

Die Zungenwürmer Armillifer grandis *(groß) und* armillatus *(klein)*
Foto: Reichenbach-Klinke

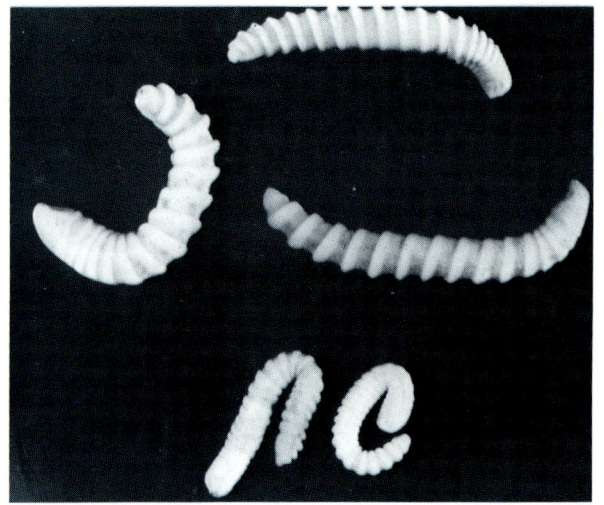

wurmartige Parasiten, die vermutlich mit den Arthropoden verwandt sind, durchlaufen ihr Ei- und Larvenstadium in einem Wirt und die Nymphen- und Adultstadien in einem anderen. Im Allgemeinen sind Fische und Säugetiere intermediäre Träger. Die am häufigsten bestimmte Gattung ist *Armillifer*. Nach Abschluß der Wanderung durch den Körper als Larve, greift der adulte *Armillifer* das Pulmonargewebe an. Zysten werden durch Speichel übertragen, so daß eine Verbreitung des Erregers über Wassergefäße, Terrarien, Hände etc. wahrscheinlich ist, läßt man es an der nötigen Hygiene mangeln. Eine effektivere Gegenmaßnahme ist nicht bekannt. Erkannte Träger sollten isoliert oder getötet werden. Es gibt unzählige Arten von Cestoden (Bandwürmer) und Nematoden (Rundwürmer), die auch die Königsnattern nicht verschonen. Niclosamide (Yomesan, Chemagro) wirkt zuverlässig gegen Cestoden wenn die Dosierung auf das Körpergewicht und die körperliche Verfassung des Patienten zugeschneidert ist. Piperazincitrat und Thiabendazol haben sich beide gegen Nematoden bewährt. Es ist jedoch Vorsicht bei der korrekten Dosierung geboten. Wurmmittel werden am einfachsten über eine Magensonde verabreicht. Eine Untersuchung von Kotproben wird in den meisten Fällen bereits das Vorhandensein von Band- und Rundwürmern zeigen. Eine Reihe von Trematoden (Saugwürmer) wird in den allermeisten Wildfangschlangen gefunden. Einige lassen sich einfach durch einen Blick in den Rachen oder die Augen erkennen. Die am häufigsten bei Reptilien nachgewiesenen Saugwürmer gehören der Familie Ochetosomatidae an. Diese befallen bei Schlangen vorzugsweise die Atmungsorgane sowie den oberen Verdauungstrakt.

Scheintumore

Pseudoneoplasmen sind feste bis schwammige Schwellungen, die hauptsächlich bei bodenbewohnenden Schlangen auftreten. In jedem Fall werden Helminthische Parasiten, Hämogreagrinen und Trypanosomen in Mischinfektionen gefunden. Histopathologisch betrachtet, stellen diese Läsionen verhärtete Granularbildungen und wurmige Zysten dar. Die Behandlung umfaßt Ausschneiden, Ausschaben und Verfüllen mit geeigneten Medikamenten wie mit Providon getränkten Gazeschwämmen, schwachem Silbernitrat oder 4% gepuffertem Formalin.

Medikationen bei Terrarienschlangen

Gattung Handelsname	Art	Häufigkeit	Dosierung	Indikationen
Amikacine (Amikin)	Subcutan (SC)	Alle (Q) 72 Std. 5 Injektionen	2,5 mg/kg	1, 5, 6, 12, 2
Carbenicilline (Geopen)	SC	Tägl. über 6 Tage	50-100 mg/kg	11, 4
Chloramphenicole (Chlormycetin)	SC	Q 12 Std. über 6 Tage	10-30 mg/kg pro Injekt.	2, 3, 11
Gentamycine (Gentocin)	SC	Q 72 Std. 5 Injekt.	2,5 mg/kg	7, 1, 3, 8, 11
Netilmycine (Netromycin)	SC	Q 72 Std. 5 Injekt	2,5 mg/kg	4, 12, 9, 2, 3
Trimethroprim-Sulfat (Di-Trim)	SC	Tägl. über 5 Tage	2 ccm/kg	10, 5, 11, 1, 7
Tobramycine (Nebcin)	SC	Q 72 Std. 5 Injekt.	2,5 mg/kg	9, 11, 5, 6, 7
Tylosine (Tylan)	SC	Q 72 Std. 5 Injekt.	40-60 mg/kg	7. Auswahl für 4
Metronidazole (Flagyl)	Oral	Einmal, nach 14 Tagen wiederholen	80 mg/kg	A, B, C, D, E, F
Emetine Hcl	SC	Tägl. über 10 Tage	12 mg/kg	G
Levamisole (Levasole)	SC	2 Injekt. im Abst. v. 10 Tagen	0,4 ccm/kg Lösung	H
Parziquantele (Droncit)	SC	Einmal, kann nach 14 Tagen wiederholt werden	0,1 ccm/350 g	I
Ketoconazole (Nizoral)	SC	Q 12 Std. 6 Tage	2,5 mg/kg	J
Nystatin (1000 Einh.)	Oral	Tägl. über 6 Tage	1,2 ccm/Kg	J
Vit. B Komplex	SC	Tägl. wie benötigt	0,012 ccm/kg	K
Dichlorvos Insektenstrip	aufgehängt	24 Std.	1 Strip für 30 m^3	L

Medikationen

Gattung Handelsname	Art	Häufigkeit	Dosierung	Indikationen
Allopurinale (Zyloprim)	Oral	Tägl. über 7-10 Tage	200 mg/kg	M
Sulfamethazine (AS 250)	SC	Tägl. über 6 Tage	10 mg/kg	N
Chloroquine (Aralen)	SC	Jeden 2. Tag 3 mal	2,5 mg/kg	N
Chloroquine (Aralen)	SC	Jeden 2. Tag 3 mal	1,2 mg/kg	O
Dexamethasone (Azium)	SC	Tägl. über 1-5 Tage max. 5 in 30 Tagen	0,15-1,0 g/kg	P
Ketamine HCL (Vetalar)	SC	Einmalig	10-20 mg/kg	Q
Piperazincitrate (Pipersol)	Oral	Nicht mehr als alle 14 Tage	50 mg/kg	R
Tetrachlorethylene (Nema)	Oral	Einmal 4 Tage nach Fütterung; nach 3-4 Wochen wiederholen	0,5 ccm/kg	G

Indikationsindex

1) *Acinetobacter*
2) *Aeromonas*
3) *Citrobacter*
4) *Enterobacter*
5) *Flavobacter*
6) *Klebsiella*

7) *Providencia*
8) *Pseudomonas aeruginosa*
9) *Pseudomonas fluorescens*
10) *Pseudomonas malthopila*
11) *Pseudomonas (andere)*
12) *Serritia*

A *Entamoeba invadens*
B *Trichomonas*
C *Balantidium*
D Rhizopoda
E Flagellaten
F Ciliaten
G Trematodes (Saugwürmer)
N Nematoden (Rundwürmer)
I Bandwürmer

J Hefeinfektionen
K Delibitation
L Ektoparasiten
M Harnsäure
N Blutprotozoen
O Trypanosomen, Hämogregarinen, Plasmodien
P endzündliche Schock-/Stresszustände
Q Anästhesie
R Metazoische Parasiten

Medikationen

Humanmedikamente

Gattung	Handelsname	Hersteller
Amikacine	Amikin	Bristol
Trimethoprim-Sulfa	Bactrim, Septra	Roche, Burroughs, Wellcome
Cefoperozone	Cefobid	Roerig-Pfizer
Chloramphenicole	Chlormycetin	Parke Davis
Emetine Hcl	Emetine Hcl	Eli Lilly
Gentamycine	Garamycin	Schering
Netilmicine	Netromycin	Schering
Tobramycine	Nebcin	Eli Lilly
Ampicilline	Polycillin	Bristol

Veterinärmedikamente

Gattung	Handelsname	Hersteller
Dexamethasone	Azium	Schering
Vit. B Komplex	B-Complex-Plus	Frank Vet Inc.
Trimethoprim-Sulfa	Di-Trim	Diamond
Praziquantele	Droncit	Ba Ver
Levamisole	Levasole	Pitman-Moore
Chloramphenicole	Mychel	Rachelle
Ketocanazole	Nizoral	Janssen
Ampicilline	Polyflex	Bristol
Tylosine	Tylan	Elanco
Ketamine	Vetalar	Parke Davis

Orale Human- und Veterinärmedikamente

Gattung	Handelsname	Verwendung	Hersteller
Chloroquine	Aralen	Mensch	Breon-Winthrop
Sulfamethazine	AS 250	Tier	Am. Cyanamid
Metronitazole	Flagyl	Mensch	Searle
Nystatine	Mycostatin	Mensch	S quibb
Tetrachlorethylene	Nema	Tier	Parke Davis
Piperazin-Citrate	Pipersol	Tier	Burns-Biotec
Allopurinale	Zyloprim	Mensch	B.W.

Ausgewählte Zeichnungs- und Beschuppungsdetails

Lampropeltis alterna, *dorsal*

Lampropeltis alterna, *ventral*

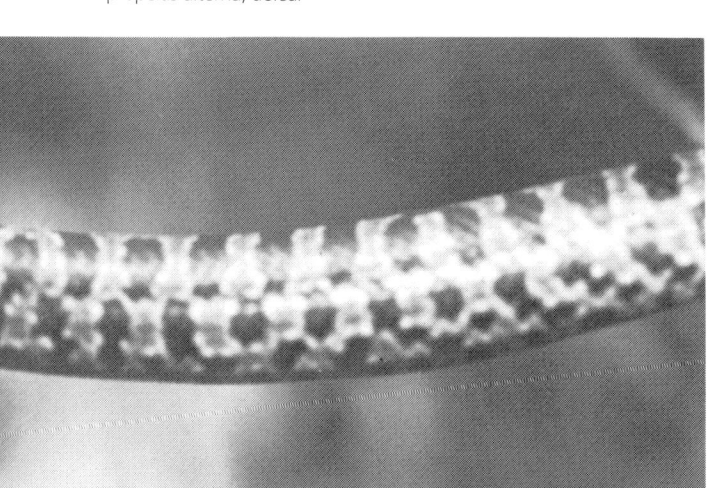

Lampropeltis c. calligaster, *dorsal*

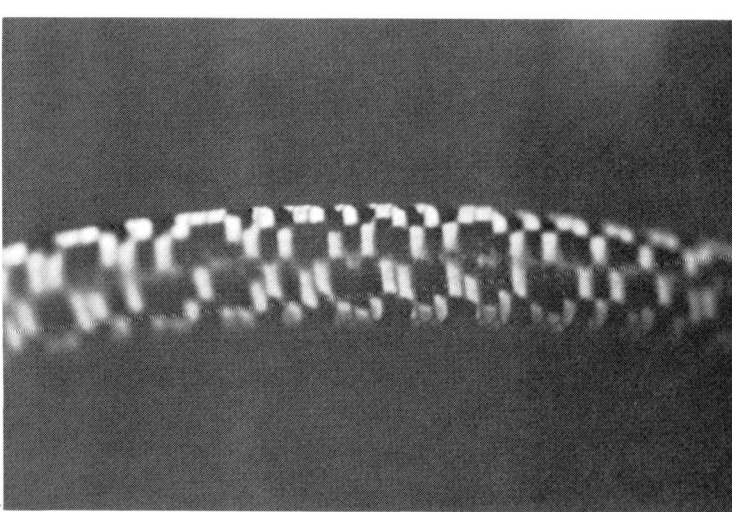

Lampropeltis c. calligaster, *ventral*

Lampropeltis g. californiae, *albino, dorsal*

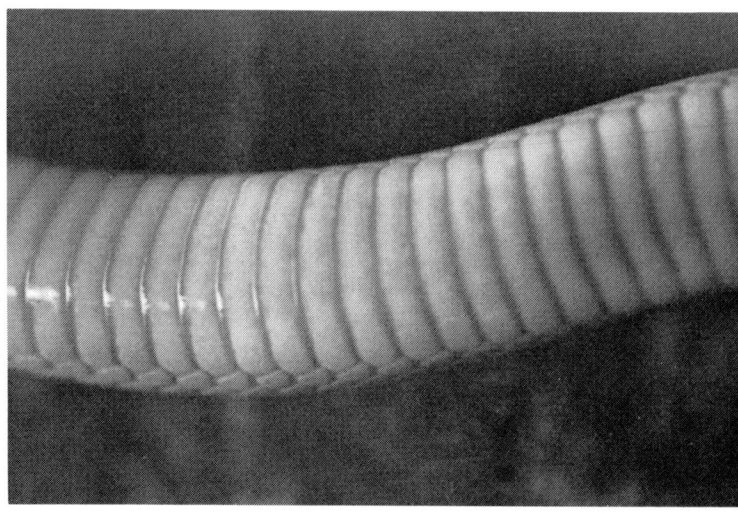

Lampropeltis g. californiae, *albino, ventral*

Ausgewählte Zeichnungs- und Beschuppungsdetails

Lampropeltis g. californiae, *geringelt*

Lampropeltis g. californiae, *gestreift*

Lampropeltis g. getulus, *dorsal*

Lampropeltis g. getulus, *ventral*

Lampropeltis g. floridana, *dorsal*

Lampropeltis g. floridana, *ventral*

Ausgewählte Zeichnungs- und Beschuppungsdetails

Lampropeltis g. holbrooki, *dorsal*

Lampropeltis g. holbrooki, *ventral*

Lampropeltis t. gentilis, *dorsal*

Lampropeltis t. gentilis, *ventral*

Lampropeltis t. sinaloae, *dorsal*

Lampropeltis t. sinaloae, *ventral*

Alle Aufnahmen von R.G. Markel